「世界基準のバリスタ」を目指すためのスキルアップ教本

# 新しいバリスタのかたち

丸山珈琲バリスタトレーナー
## 阪本義治

# Contents

**Chapter 1**
## New Barista
"新しいバリスタ"の理想像 …… 4

プロローグ〜Barista Camp〜 …… 6
バリスタのすばらしい未来 …… 10

**Chapter 2**
## Coffee Beans
素材としてのコーヒー …… 14

**Chapter 3**
## Espresso Tasting
エスプレッソテイスティング …… 22

目的と方法 …… 24
フレーバー …… 31
マウスフィール …… 35

**Chapter 4**
## Brewing Espresso
エスプレッソの抽出技術 …… 38

エスプレッソの抽出技術とコントロール …… 40
エスプレッソの抽出技術 (1) ドーシングから抽出の調整まで …… 43
エスプレッソの抽出技術 (2) コーヒーケーキのチャネルを防ぐ …… 52

**Chapter 5**
## Cappuccino
カプチーノ …… 54

## Chapter 6
# Machine
マシンを知る …… 68

グラインダー …… 70
エスプレッソマシン …… 75

## Chapter 7
# Barista Training
バリスタトレーニング …… 80

## Chapter 8
# Barista Championship
バリスタチャンピオンシップ …… 92

バリスタチャンピオンシップとは何か …… 94
シグネチャービバレッジ …… 98

WBCはどのようにして設立されたのか …… 104
バリスタチャンピオンシップダイジェスト …… 107

## 日本の"新しいバリスタ" …… 113

鈴木樹（丸山珈琲）…… 114
齋藤久美子（丸山珈琲）…… 115
中原見英（丸山珈琲）…… 116
櫛浜健治（丸山珈琲）…… 117
岩瀬由和（REC COFFEE）…… 118

山本知子（Unirウニール）…… 119
竹元俊一 …… 120
西谷恭平（BAR iL PRiMARiO）…… 121
菊池伴武（NOZY COFFEE）…… 122
村田さおり（UCCコーヒーアカデミー）…… 123

## 阪本バリスタトレーナーへのQ&A …… 124

おわりに …… 128
Special Thanks …… 130
あとがき …… 131
奥付 …… 134

※本書は月刊誌『カフェ＆レストラン』で連載した「新しいバリスタのかたち」を
加筆・修正し、新企画を加えて再編集したものです。

## Chapter 1
# New Barista

"新しいバリスタ"の理想像

私・阪本が"新しいバリスタ"というものについて
考えるきっかけとなったBarista Camp。
その取り組みを振り返りつつ、
バリスタのあるべき理想の姿についてお話します。

# プロローグ〜Barista Camp〜

## Barista Campの発起

　私がなぜ「新しいバリスタのかたち」というものについて提唱し、みなさんにお伝えしようと思ったのか。それを説明する前に、ある年に起こった一つの大事な出来事についてお話したいと思います。

　その出来事とは2009年11月、私が在籍している『丸山珈琲』の小諸店において行われたBarista Camp 2009という取り組みです。この集まりを呼びかけたのはFritz Storm。彼はWorld Barista Championship（以下WBC）の2002年度の優勝者で、バリスタの世界チャンピオンです。

　Fritzが、私たち『丸山珈琲』のオーナーである丸山健太郎に呼びかけ、世界各国のバリスタチャンピオンたちとレベルの高い勉強会を開くことを提唱し、この取り組みは始まりました。

　このCampに選ばれたバリスタは4名。WBC2008で4位入賞のスウェーデンチャンピオンDaniel Remheden、WBC2009で6位入賞のハンガリーチャンピオンAttila Malnar、WBC2009で4位入賞のアイルランドチャンピオンColin Harmon、そして『丸山珈琲』所属でもありJapan Barista Championship（以下JBC）2009で優勝した中原見英です。

　Fritzはバリスタの総合的な部門において、一方丸山は素材に関する総合的な部門（コーヒーの産地・味覚・焙煎のことなど）においてそれぞれ講師となり、バリスタたちのあらゆる要素を高めていく、そんな集まりとしてこのCampは行われました。

左／Barista Camp 2009で丸山健太郎とともに講師を務めたFritz Storm。
右／『丸山珈琲』代表の丸山健太郎。バイヤー、カッパーとして世界を舞台に活躍する。

## エスプレッソと"向き合う"

Barista Campの初日、4名のバリスタは豆選びから始めました。この時の豆は、私たち『丸山珈琲』がこのCampのために用意したホンジュラス・グアテマラ・コスタリカ・ブラジル・ケニアなどの素材で、なかにはカップオブエクセレンス（※以下COE）も入っていましたが、どの素材も普段私たちが使用しているものでした。

バリスタたちは、各々選んだ素材でエスプレッソの抽出を始めました。抽出と並行して、しばらくはドーシングやタンピング、カプチーノなどの技術トレーニングを実施する時間になるだろうと想像した私でしたが、実際にはまったく違う光景が展開されました。

バリスタたちは、エスプレッソを抽出し、テイスティングし、また抽出し、テイスティングする…、これを延々と繰り返し、その素材のすべてを引き出すポイントを黙々と探し続けました。それはもう何時間も、何十回もひたすらそれを繰り返していました。

ここで、私は彼らと私たちとのいくつかの"違い"を発見しました。

まず、彼らはエスプレッソの抽出にかかる時間を気にすることはありませんでした。彼らが気にするのは抽出状態と味やアロマなどの味覚に関すること。彼らは何度も何度も抽出し、味を確認する。これは私たちにはない点でした。私は『丸山珈琲』のメンバーをトレーニングする立場にいますが、これほど一つの豆に向き合って何度も抽出し、味を引き出すよう求めたことはかつてありませんでした。

それまでの私たちは、コーヒーの粉量とメッシュが合っていて、抽出状態がよい場合、そこで出た味を「これがこの豆のポテンシャル」と判定していることが多かったのです。

彼らは抽出したエスプレッソの味をとても細かい項目でチェックしました。アロマについていくつもの表現を語り、味についてはフレーバー、触感、奥行き、アフターテイストなどをチェックし、そして議論します。そのうち1つでも納得がいかないことがあると、必ずもう1度抽出するのです。

彼らは初めて扱う素材に対して判断を急ぎません。とにかく抽出をいろいろと、時にはダイナミックに変えて何度も調整します。

スウェーデンチャンピオンのDanielが抽出したホンジュラスなどは、すばらしいアロマと、信じられないくらいなめらかな触感をもたらすものでした。しかしその素材を私たち『丸山珈琲』のメンバーが抽出しても、同じようにはいかないのです。

それもそのはずです。その時まで、私たちはまったくそういった視点でエスプレッソを抽出してこなかったのですから。彼らは日頃から、私たちよりもっと深く、そしてもっと繊細にエスプレッソと向き合っていたのです。

Daniel Remheden。WBC2008で4位入賞のスウェーデンチャンピオン。

Colin Harmon。WBC2009で4位入賞のアイルランドチャンピオン。WBC2012ファイナリストでもある。

Attila Malnar。WBC2009で6位入賞のハンガリーチャンピオン。

JBC2009で優勝した『丸山珈琲』の中原見英。現在はコーヒーバイヤー、バリスタとして活躍する。

※カップオブエクセレンスとはコーヒーの品質を競うコンペティション（品評会）のこと。生産国ごとに開催され、高評価のものが国際インターネットオークションで競売にかけられ、売買される。

1 抽出とテイスティングを繰り返すバリスタたち。
2 丸山健太郎から産地やテロワールのことを聞くバリスタたち。
3 エスプレッソの色合いも細かくチェックしている。
4 カッピングの様子。Barista Campでは、素材の品質やそのフレーバーなどをエスプレッソとカッピングの両面からチェックした。
5 抽出したエスプレッソをテイスティングし、時にフレーバーが出きっていない場合には、その原因をさまざまな角度から分析した。写真のように、抽出後のコーヒーケーキの浸透度や色合いなども細かくチェックした。
6 私、阪本もBarista Campのテイスティングと議論に参加。

## 本当のプロフェッショナル

　Barista Campで、ある者は、自分が気に入った素材の産地やテロワールの情報が聞きたいといい、ある者は、味の微妙な変化や焙煎度合いの変化を望みました。そこで、丸山が中心となって焙煎やカッピング講習、産地情報のレクチャーを行いました。

　その時彼らを観察していた私は、また新たな発見をしました。彼らは、私がそれまで出会ったバリスタにはかつてないほど、コーヒーの産地や焙煎のことに対して強い興味と関心を持っていました。しかもすでに基本的な知識を持ち合わせていることにも私は驚かされました。

　Barista Campの5日間は抽出・テイスティング・議論、本当にこの繰り返しでした。それを間近で見ていて、私は彼らを"本当のプロフェッショナル"だと思いました。

　彼らは、一つひとつの素材とじっくり向き合い、その良さを余すところなく引き出していました。その素材は私たち『丸山珈琲』のメンバーが普段使用していたものなのに、彼らのほうが味を引き出せていました。

　彼らは、素材を全力で理解しようと努め、その味を引き出せる卓越した抽出技術を持っている。また、素材に対する基本的知識と強い興味・関心があり、同時に意欲もある。

　Barista Campの私の収穫──それは彼らの手によって「コーヒーの価値が最大限にまで高められる」場面に直面し、その延長線上に、バリスタといわれるすべての職業の人たちの理想の姿を思い描けたことです。

　彼らの延長線上に「新しいバリスタのかたち」が見えたようでした。

# バリスタのすばらしい未来

## コーヒー界のソムリエ

　私は現時点で、エスプレッソはスペシャルティコーヒーのフレーバーを感じるための最高の抽出手段であると考えています。挽き立てのコーヒー豆に対し、瞬時に高圧をかけることで、豆の持つフレーバーを一気に凝縮し、カップに注ぐ。この過程を極め、それぞれの豆の特徴を出し切ることは、バリスタの仕事の大事な核といえるでしょう。

　その点において並外れた能力を見せたのがBarista Camp 2009に参加した面々であり、私は彼らの姿を目の当たりにして"バリスタの未来像"を実感したのです。

　エスプレッソという技術的に難易度の高いドリンクはもちろん、それ以外のコーヒードリンクもバリスタ自ら抽出して作る。また、それぞれの豆の特徴・農園のことなども把握し、お客様のニーズに合わせておすすめし、しっかりと説明もできる。さらに、その一つひとつのおいしさを伝えることを得意とする。これが私のイメージする理想のバリスタ像です。

　「コーヒー界のソムリエ」

　私の考える"新しいバリスタ"は、ワインでいうソムリエのようなものなのです。

　このイメージはなにも私だけが持つものではないようです。世界のトップクラスのバリスタたちは近年、加速度的にこのような動きを見せつつあります。

　では、なぜこのような動きが起こっているのか？　その大きな要因がWBCの発展とCOEなどの活動によるコーヒー豆の品質向上があると私は考えています。

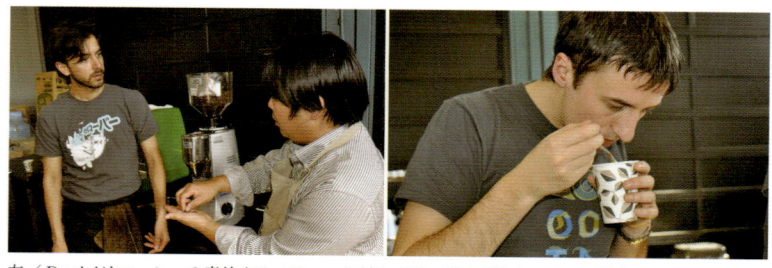

左／Danielはコーヒーの産地やテロワールに対して強い関心があり、その豆特有の味をエスプレッソなどで引き出すことにかけてはすばらしい能力を持っている。
右／Colinはオーナーバリスタとして焙煎された豆を購入してカフェを経営している立場だが、豆の卸元であるロースターには頻繁に足を運び、味に対する要望を事細かく伝える他、そこでさまざまな情報を交換し合うなど、交流を図ることを欠かさないという。

# WBCと高品質コーヒーとの関わり

　もともとエスプレッソはイタリアで生まれ、現地では日常的に広く親しまれている飲み物です。イタリアではエスプレッソを提供するバールは"コミュニティ"であり、人々はそこで1日何杯もエスプレッソを飲みます。そのエスプレッソには数種類をブレンドした豆が使われ、カプチーノもそうですが、たっぷりの砂糖を注ぎ、かき混ぜて飲むことで楽しまれています。こうしたエスプレッソのスタイルはイタリアの文化であり、イタリアの変わらぬよさであると、私は実際に現地で目にして思いました。しかし一方で、この文化が世界各地に定着するのはむずかしいように思いました。

　WBCというバリスタの世界大会が登場したのは2000年のことです。WBCは年々ブラッシュアップが進み、欧米を中心にルールも整備されました。そして次第に参加国も拡大し、2007年にはアジア初のWBC東京大会も開催されました。

　この動きと並行して、コーヒーの品質の面では別の動きが現れます。その代表的なものがCOEです。生産国ごとに最高品質のものを評価する品評会が1999年にブラジルで始まり、徐々に主だった生産国で開かれ、数々のすばらしいコーヒーがネットオークションにより世界各国のロースターやカフェに広がっていきました。

　WBCとCOEは、同じコーヒー業界の取り組みながら、当初は深い関わりはなかったように思います。両者の密接な関連性が明らかになり始めたのは2009年のWBCのあたりからです。

　WBCで上位に入賞したバリスタたちが、競技に使用したコーヒー豆はCOEの入賞ロットであると名言しプレゼンテーションするようになりました。また入賞ロット以外の豆の場合でも、過去に上位入賞歴のある有名なロットや農園の豆が主に使われ、高品質な素材の使用がバリスタチャンピオンシップでの上位獲得の必須条件となっていきました。しかもその豆のほとんどがブレンドではなく、その豆・その農園特有の特徴が明確にあらわれる「シングルオリジンとしての使用」でした。それはおそらくシングルにこだわったというよりは、自分の"出したい味"や"主張したい国・産地"などを第一に考えた時、ブレンドするという選択肢にはならなかったということでしょう。

バリスタとエスプレッソに世界基準をもたらしたWBC（写真は2012年のウィーン大会）。バリスタの世界を大きく発展させるきっかけをつくった。©Amanda Wilson

# 進化するバリスタ

　「エスプレッソはスペシャルティコーヒーを抽出する最高の手段である」と先ほどいいましたが、私が見てきたイタリアでは、いまだにブレンドの豆でいれるエスプレッソが主流となっています。品質の高い素材が流通するようになった近年も、それらが取って代わる姿はイタリアではあまり見られません。この国では、いつまでも変わらないこと、長年親しまれている味…、つまり伝統的スタイルが良しとされているのかもしれません。

　しかし、文化の異なる他の諸外国（イタリア以外の欧米、オーストラリア、日本など）では状況が異なります。

　時代を経て、コーヒーのすばらしい素材が世界中で取引され、それと同時にバリスタという"コーヒーの伝道師"たる担い手やコーヒーの技術・品質を大切にする精神も育成されてきました。

　イタリアの地で生まれたバリスタという職業は進化を遂げ、その様相は異なるものに生まれ変わりつつあります。

『丸山珈琲』では、定番のエスプレッソブレンド以外に、旬の素材を使った「本日のエスプレッソ」を提供している。こうした商品を提供するお店が増えてきたことは大変すばらしいことである。

## バリスタの新しいかたち
## そしてその先にあるもの

　バリスタとして成熟したいなら、その次の段階としてカッピングを繰り返し行い、世界的なコーヒーの品質基準も学ばなければなりません。そのための努力はきっと、味への探求をより深めることにもつながるでしょう。

　さらにその次のステップは、生産国を訪れ、農園の現状などを知ることです。これは次の章で紹介する「素材としてのコーヒー」を知るための必要条件だと思います。

　ここまで熟知し、修得したバリスタは、まさにこれ以上ない"スペシャルティコーヒーの親善大使"です。彼らの存在が「新しいバリスタのかたち」となり、明日のコーヒーの世界を変えることになると私は信じています。

　おいしいコーヒーを抽出できるバリスタが増え、彼らが顧客に対してコーヒーのことをきちんと説明することもできて、より多くのニーズに応えることができれば、当然、世の中においしいコーヒーが増えていきます。そうすればおいしいコーヒーを求める顧客も増え、自然と品質の悪いコーヒーが淘汰され、コーヒーの付加価値はより一層上がるはずです。

　コーヒーの付加価値が上がることで、たくさんの人たちに多くの恩恵をもたらすことができます。コーヒー生産国の厳しい環境のもとで働く多くのコーヒー生産者たちに、その付加価値で得た利益を還元することもできるのです。そうすれば、コーヒー生産者の生活レベルが向上し、彼らのコーヒー生産に対するモチベーションも上がることでしょう。

　そんなすばらしい未来を達成できるかどうかは、消費者と向き合い、コーヒーを最も活かす立場にいる"新しいバリスタ"にかかっているのです。

生産地を訪問した中原見英バリスタ。バリスタが産地を訪問することの重要性を私（筆者）が強く感じたのは、この中原バリスタの産地訪問によって起きた、彼女の内面の変化がきっかけだった。JBC2009でグアテマラの豆を使用した彼女がその競技で生産者の実情を伝えきれたのは、この訪問があったからだ。

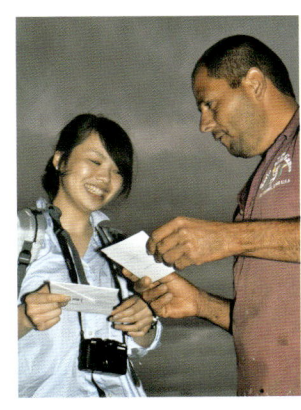

WBC2011に出場する数ヶ月前に、大会で使用する豆の生産元であるコスタリカ・シンリミテス農園を訪れた『丸山珈琲』の鈴木樹バリスタ。念願だったオーナーのハイメ氏との対面を果たした。自分の想いをスペイン語で綴った手紙をハイメ氏に手渡す鈴木バリスタ。想いを伝えることや、コーヒーが育つ環境を間近で見ることなど、そこで経験したことすべてが彼女の力となった。

# Chapter 2
# Coffee Beans

素材としてのコーヒー

良いエスプレッソを抽出するためには、素材であるコーヒーについてよく理解することが必要です。
本章では「コーヒーを知る」手がかりや方法を紹介します。

私はバリスタの新基準について示すことが必要だと感じて本書を執筆しました。その必要性は、スペシャルティコーヒーという高品質なコーヒーの出現と、それをいかに抽出し、提供し、そして取り組むかという課題と深く関連しています。

# エスプレッソの移り変わり

　エスプレッソを「シングルオリジン」として抽出・提供することがよく見られるようになってきました。しかしそれはほんの最近のことで、10年前まではエスプレッソの素材といえば数種類の豆を合わせたブレンドの豆しか存在せず、バリスタが素材にフォーカスすることはないに等しいものでした。

　しかし時代は変わり、さまざまな流れから、一部では非常に品質の高いコーヒーが手に入るようになりました。いわゆるスペシャルティコーヒー（※）のことです。

　それを受け、前述したようなシングルのコーヒー、もしくは素材の深い部分にフォーカスしたコーヒーの提供が行われるようになってきています。

※スペシャルティコーヒーとは、いわゆるコーヒーの液体にした時に品質がいいコーヒーのこと。その品質とは、カッピングにおいてCOEまたはSCAJのスコアシートで80点以上のものを指す。項目には「カップのきれいさ」「酸味の質」「風味の特性」「甘さ」「口に含んだ質感」「後味の印象度」などがある。そしてコーヒーの種からカップまでのすべての段階において一貫した体制・工程で品質管理が徹底していることが必須である（これをFrom Seed to Cupという）。詳細はSCAJのウェブサイトで確認できる。
http://www.scaj.org/about/specialty-coffee

# コーヒーの変革

　国名のみ記載し、もはやどこで誰が作ったかもわからない大量製造コーヒーからの変化が起こっています。どこの国で、どの地方のどの地域で、何という農園で、誰が、どのような生産処理方法で作ったものなのか。今日ではそのようなことまでわかるコーヒーがたくさん出てくるようになりました。

　なぜ、このようなことが起こっているのでしょうか。そこにはどんな発生理由があるのでしょうか。

　その理由はコーヒー豆の高品質化とその多様性が理解され始めてきたことにあると私は考えています。味の傾向はブラジル・コロンビア…など国単位だった昔に比べ、大きな地域・さらに細かい区域、農園ごと、ステーションやマイクロミル単位、山の違い、同じ山でも斜面や標高の違い、生産処理の違い…と、何かが違えば味も大きく違うことがわかってきたからです。

　コーヒーの産地について理解するのはむずかしいことです。私も何度か訪問する機会を得ましたが、ほんの一端を垣間見たに過ぎず、理解しているというにはほど遠いものです。それでも可能な限り、理解しようと努めることはとても重要で、少しでも理解が進むと、抽出などに対するイメージも変わってきます。

## コーヒーへのフォーカス

コーヒーにフォーカスするとは"コーヒーとの関係性を作る"ことです。さまざまな情報から得た知識と、体験などを通じて得た感覚や体感で、コーヒーとつながることが大切であり、そのためにあらゆることをするのです。

では、どのような点に留意してフォーカスすればいいのか。そのポイントを紹介しましょう。

ナチュラル製法のコーヒー豆。ナチュラルとは収穫したコーヒー豆をそのまま天日乾燥させる生産処理方法のこと。10年ほど前は「エスプレッソといえばナチュラル製法によるブラジルのコーヒー」という考え方が主流で、ナチュラル製法からくる独特のチョコレート感はエスプレッソに必須のものと考えられていた。しかし高品質コーヒーが出回ってくる過程で、それには決してきれいな味とはいえないものがあることもわかった。そんなナチュラルの豆が今、また注目を浴びている。以前とは違い、その製法からくる特殊な味わいを持ちながら、きれいな味のものが出始めてきているのだ。2012年の今、ナチュラルのコーヒーは世界各地で注目されている。

## ①コーヒー農園の地方・地域を知る

　そのコーヒーが栽培された農園は、その国のどんな地域に存在するのか。また、そのコーヒーと同じ地方や地域で収穫されるコーヒーには、どんな特徴を持ったものがあるのか。そうした地方・地域の情報からコーヒーの味わいを予測することもできます。

## ②コーヒー農園の標高を知る

　そのコーヒー農園は、どれくらいの標高に存在するのか。その国の中では高いほうなのか、そうでないのか。

　標高はコーヒーにとって重要な要素の一つで、コーヒーが持つ酸のボリュームや、その品質などにも関連してきます。

写真左はボリビア「アグロ・タケシ」農園、右はブラジル「サマンバイア」農園。アグロ・タケシは標高の高い険しい山中にあるが、サマンバイアはあまり標高が高くなく、見渡せるような平地になっている。栽培環境はその素材を知るための手がかりとなる。

## ③生産処理を知る

　生産処理には、収穫されたコーヒーをそのまま乾燥させるナチュラル製法、パルパーといわれる機械で皮をむいてから乾燥させるセミウォッシュト製法（コスタリカではハニーコーヒーという）、そしてコーヒーの皮と実をきれいに洗い流してから乾燥させるウォッシュト製法などがあります。生産処理は味に関連することであり、これを知ることもコーヒーの大事な一要素を知ることになります。

生産処理の異なるコーヒー豆。コスタリカの輸出業者「エクスクルーシブコーヒー」で撮影したもの。向かって左がウォッシュト製法、一番右が収穫したものをそのまま干すナチュラル製法の豆だ。中間の3つはセミウォッシュト製法、いわゆるハニーコーヒーだが、これにも数段階あり、粘液質をわずかに残すイエローハニーの他、レッドハニーとブラックハニーはどちらも100%粘液質を残すが糖度によって呼び名が異なる。このように、生産処理も日々進化し、さまざまな方法が生まれている。

生豆の保管は麻袋で行うのがかつての常識だった。しかし、外気と生豆が触れる麻袋では、経時変化が進みやすく、保存方法が工夫されるようになった。そこで開発されたのが新しい2つの生豆包装形態である。1つは「バキュームパック」（写真中央）といって真空で保管することで外気を通さず、経時変化を起こりにくくするもの。もう1つは、バキュームパックより少し簡易な「グレインプロ」（写真右）と呼ばれるもの。穀物包装用に使用されていたものを、コーヒー用に改良・転用したものだ。包装もバキュームパックより簡易なので低コストであり、一定の保存効果がある。

## ④ 生産者やグループを知る

　生産者名やそのグループについて調べると、そのコーヒー農園の成立の背景や歴史、またそこの生活環境などがわかることがあります。生産者やグループのことを知れば、そのコーヒーに対する思い入れもより深まるでしょう。

## ⑤ フレーバーコメントを知る

そのコーヒーはどのようなフレーバーを持っているか。カッパーやコーヒー豆の輸出入業者が公表している情報やコメントが、抽出の手助けになるかもしれません。

## ⑥ 農園訪問経験者のコメントを聞く

そのコーヒー農園を訪問した人が周囲にいるなら、どのような状況だったかを聞くといいでしょう。本やインターネットでは得られないような生の情報が聞けるかもしれません。

産地を訪問することは、そのコーヒーを知る上での大きな手がかりとなる。文書やインターネットの情報だけでは理解がむずかしいことなど、さまざまなことがらを体感することができ、コーヒーを立体的に理解できるようになる。もし訪問がむずかしいとしても、経験豊富な訪問者の話を聞くことができれば、それは大きなプラスとなるだろう。写真は、産地を訪問する『丸山珈琲』代表でありバイヤーの丸山健太郎氏。私の知る中で、最も高い頻度で生産地を訪問する日本人の1人といえる。産地を訪問すると、コーヒーへの理解が深まるだけでなく、エスプレッソの抽出にも良い影響をもたらすだろう。

## ⑦ 生産地・コーヒー農園の画像・動画を視聴する

インターネットを検索すれば、生産地やコーヒー農園の画像や動画を確認できることがあります。それにより、その素材の地理的特性の一端を知ることができます。

## ⑧ 焙煎度合いと適正を知る

その素材はどれくらいの深さで焙煎されているか。また普段使用している素材とは、どれくらい焙煎が違うか。これは焙煎の深さもそうですが、焼き方や焙煎機が違うというケースもあります。専門の焙煎人でない限り、理解がむずかしい部分も多いのですが、少なくとも自分が使い慣れた素材との違いだけでも理解しておきましょう。

焙煎度合い、火のかけ方により、コーヒーの味わいは大きく変わる。その素材にとってどのような焙煎がベストなのか。素材を理解し、そこから焙煎の過程を探ることは、エスプレッソの味に大きな変化をもたらすだろう。そしてもう1つ、大きな要素としては焙煎後からの経過時間を見る、いわゆる「エイジング」が重要。これはエスプレッソに限らないが、コーヒーは焙煎直後が一番おいしいということは少なく、経過時間により飲み頃が変わる。特にエスプレッソは高圧で抽出するため、鮮度が良すぎる豆だと焙煎で豆の中に形成されたガスが大量に放出し、そのガス感の強さから微炭酸のような触感になり、コーヒーの繊細な触感やフレーバーを感じるのに障害となる場合がある。これを防ぐためにエイジングを行うが、その豆を何日経過させるか、どのような包装形態にするか、どのような環境で包装するかなどが密接に関わってくる。

### ⑨ 飲み慣れた抽出方法でテイスティングする

　エスプレッソでは、ある種のフレーバーが強く出たり、濃い味わいで抽出されます。その素材を深く知るためには、普段飲み慣れている方法でテイスティングしてみるのがいいでしょう。

### ⑩ カッピングをしてみる

　豆の買い付けでも、焙煎の味を見る上でも、コーヒーの品質を確認する基準はカッピングです。もちろん品質を理解するためにはカッピングを専門に、あるいは日常的に行っている人に習う必要があります。カッピングにより、焙煎人や豆の買い付け人と同じ角度からコーヒーを見ることに一歩近づきます。

### ⑪ エスプレッソで繰り返し抽出する

　やはりバリスタとしてその素材の味を理解するにはエスプレッソの抽出が必要でしょう。

　ここまで、エスプレッソとしてより良い味を引き出すために必要なことを述べてきましたが、やはりエスプレッソの抽出そのものが素材を理解するための早道であるともいえます。

　以上の内容を実践することで、素材への理解は深まります。理解が深まったところで、その素材をますます好きになったでしょうか？　興味が湧いたでしょうか？

　もし、より興味が湧いたなら、きっとそれらの情報を手にしなかった時よりも、良いエスプレッソの抽出ができるようになるでしょう。そのコーヒーを好きで、深く理解することが、エスプレッソ抽出の早道だからです。

　生産者がどんな環境で、どんな想いでコーヒーを作っているのか。それを少しでも理解すれば、コーヒーについてさまざまな感情が湧きます。その湧き出た感情は、時には技術トレーニングにはない"強い想い"を形成させ、よりバリスタを強くすることでしょう。

Chapter 3
# Espresso Tasting

エスプレッソテイスティング

あらゆるエスプレッソ系ドリンクの基礎となるもの、それはやはりエスプレッソです。
この章では、エスプレッソの味きき、すなわちテイスティングについて解説します。

エスプレッソテイスティング 1
# 目的と方法

　エスプレッソのテイスティングを習得する目的は、バリスタとしての"引き出し"を増やすことです。引き出しとは、訓練（トレーニング）によって、その豆の持っている味やフレーバーを余すことなくカップに抽出し、自らの言葉で表現できるようになることです。

　バリスタの手によって、フレーバーがしっかりと抽出されたエスプレッソやカプチーノなら、お客様にもきっと喜んでいただけるでしょう。そして、その味にはどんな特徴があるのか、またどのようなイメージか、会話でお客様を楽しませたり喜ばせたりもできる。これこそ、ワインでいうソムリエに通じる、バリスタにとって重要なことではないでしょうか。

　つまり、エスプレッソのテイスティングは、確実にバリスタのスキルを上げ、引き出しを増やし、お客様にコーヒーというものを最大限に楽しんでいただくために必要なスキルなのです。

　ここで、右頁のエスプレッソのチェックシートを見てください。このシートは私が独自に作成したものですが、ここにある項目に沿ってエスプレッソのテイスティング方法を解説します。

# 事前確認

　テイスティングに入る前に、検証したい豆の種類を事前に記録しましょう。

　右頁のエスプレッソチェックシートの「チェック0」を見てください。その豆が、どの国・産地で生産された豆で、どういった割合でブレンドされているか、いつ焙煎されたものかなどをここに記載してください。

　次に、エスプレッソを抽出します。抽出の調整中はショットグラスを使っても構いませんが、テイストチェックの際には必ずデミタスカップで飲むようにしましょう。なぜなら、実際にお客様が飲むカップはデミタスカップですし、カップの形状や素材が違うと、味の感じ方が変わるからです。慣れればショットグラスでも大丈夫ですが、慣れないうちはデミタスカップでのテイスティングを心がけてください。

　次から実際のテイスティングに入ります。

# エスプレッソチェックシート

記録日 _____　　チェック者 _____

**チェック0**　　　　　　　　　　　　　　　　　　　　　　　　豆の種類・ブレンド・エイジング期間

---

**チェック1**　　　　　　　　　　　　　　　　　　　　　　　　アロマとエスプレッソの外観

アロマ _____

クレマの色　　　　1　2　3　4　5

きめ細かさ　　　　1　2　3　4　5

**チェック2**　　　　　　　　　　　　　　　　　　　　　　　　味覚全般

液体の温度　　　　異常なし　高温　低温

フレーバー　　　　1　2　3　4　5　×2

甘さ　　　　　　　1　2　3　4　5　×2

酸の質・きれいさ　1　2　3　4　5　×2

マウスフィール　　1　2　3　4　5　×2

**チェック3**　　　　　　　　　　　　　　　　　　　　　　　　アフターテイスト・感じ方

アフターテイスト　1　2　3　4　5

舌の感じ方 _____

**チェック4**　　　　　　　　　　　　　　　　　　　　　　　　総合評価

エスプレッソ総合評価　1　2　3　4　5

---

項目の合計　　　　　　／60

1：問題がある　　2：普通　　3：良い　　4：とても良い　　5：素晴らしい

Copyright©2010 Maruyama Coffee. All Rights Reserved.

# アロマとエスプレッソの外観

## アロマを感じる

**目的** アロマは、素材（生豆）そのものの持ち味を、焙煎・抽出によってしっかりカップに出せているかを判断する指標の一つです。

**方法** 適正なエスプレッソを抽出したら、即座にそのエスプレッソカップを鼻先に近づけ、エスプレッソのアロマを感じてください（写真1）。

「アロマは強いか、弱いか、どれほど強いか」「花のような香りなら、どんな花か」「フルーツのような香りなら、どんなフルーツか」を具体的に掘り下げ、どのようなアロマかコメントしてください。

アロマを感じるタイミングは2回。抽出の直後と、テイスティングの前にスプーンを使ってかき混ぜた直後にもう1度発生します。2回ともアロマを感じ取るようにしましょう。

## クレマの色ときめ細かさを見る

**目的** クレマの色ときめ細かさのチェックは、豆の鮮度、メッシュの調整、抽出など、素材以外のポイントが適正に行えているかを見極めることが目的になります。素材本来の良し悪しとはあまり関係がありません。

**方法** カップの中のクレマの色ときめ細かさをチェックします（写真2）。色はそこで目視すればわかります。きめ細かさは、見た目のクレマの泡の大きさや光の照り具合、そして飲む直前にスプーンで3回ほどかき混ぜる時に粒の大きさで判断します（写真3）。

色は何がベストかを見極めるのがとてもむずかしいですが、赤茶や茶褐色で、かつ表面がきれいに光っていると比較的いい色といえます。

ただし、色については、過度に白かったり黒っぽかったりしない限り、見た目だけでエスプレッソの良し悪しを判断しないようにしてください。あくまで色は豆の鮮度やメッシュなどの状態を判断する指標です。豆の種類やグラム数によっても色合いは大きく変わることを覚えておきましょう。

1 エスプレッソを抽出したら即座にカップを鼻先に近づけアロマを感じ取る。
2 クレマの色は抽出後に黙視にて確認する。
3 クレマをかき混ぜることには2つの大きな理由がある。1つはクレマのきめ細かさを確認すること。もう1つは、クレマの奥にある液体から上がってくるアロマを確かめるためだ。奥にある液体にこそ、コーヒー本来の味がつまっている。

# 味覚のチェック

### フレーバー

**目的** フレーバーは、エスプレッソを見るのに重要な項目の一つです。なぜなら、スペシャルティコーヒーのフレーバーを最大限に表現する手段がエスプレッソだといえるからです。

エスプレッソを飲んだ時に口腔内全体に広がる味と、鼻腔から上がる香りを含めたものをまとめてフレーバーと呼びます。フレーバーは、素材が元々持っているもの（キャラクター）を、焙煎とバリスタの抽出がそれを阻害せずに、そのままカップに出せているかを見るために検証する項目です。

**方法** エスプレッソをスプーンでかき混ぜた直後、アロマを素早くチェックし、すぐにテイスティングします。つまり、

①エスプレッソを2〜3回かき混ぜる
②カップに鼻を近づけアロマを感じる
③すぐに飲む

という手順で行います。フレーバーは「香ばしい風味」「フルーツのような味」といった単純な区分けに始まり、最終的には、「ジャスミンのような香り」「ナッツのような香ばしさ」「マンゴーのようなフルーツ感」といった具体的な花の名前やフルーツの名称などが探せるようになることを目標とします。

エスプレッソを飲む時は、クレマの奥にある液体を飲むことを意識する。クレマはある一部分の触感であり、一つの指標。液体をよくかき混ぜ、その後すぐ飲むように心がける。

### 酸の質

**目的** 「酸」はコーヒーにとって重要な骨格で、これはまさに素材の良し悪しを見る項目です。酸はもちろん焙煎や抽出にも左右されますが、生豆の素材そのものの特性によるものといえます。

**方法** テイスティングで酸味が出ると、多くのバリスタがその素材を否定しがちですが、それは「酸っぱいもの」なのか、「口腔内のあごの奥で感じるキツイもの」なのか、あるいは「フルーツのようで柑橘系の甘さを伴うもの」なのか、その質を明らかにします。粉量やメッシュを変えても構わないので、よくテイスティングしてみてください。

### 甘さ

**目的** コーヒー豆は糖分を含んでいるため、その素材の持つ甘さを判定することにも役立ちます。そしてドーシング（P.43）の量や抽出状態によっても、甘さの感じ方は大きく変化します。

**方法** 甘さには2通りの感じ方があります。液体を口に含んだ時に感じる甘さ、いわゆるフルーツのような甘さと、飲み込んだ後に感じる余韻としての甘さ、いわゆる砂糖のような甘さです。これらはどちらも甘さとして正しい感じ方です。

## マウスフィール

**目的** コーヒーを口に含んだ時に感じる質感をマウスフィールといいます。液体を口に含んだ時に舌や顎の内側で感じるもののことです。エスプレッソは強い圧力がかかることにより乳化に近い状態となり、普通のコーヒーより粘度が高くなっています。抽出した液体の質感・触感はコーヒーの素材によって大きく異なり、さらに焙煎度合いと、バリスタの抽出技術によっても左右されることを覚えておきましょう。

**方法** 最初にクレマだけを飲み込むと、その感触をほどよいマウスフィールと感じてしまうことがあります。しかし良質なマウスフィールは、クレマではなくその奥の黒い液体の部分に存在しています。良いマウスフィールとは重さがあり、飲み応えがあり、しかもザラつきや渋味などを伴わないものです。マウスフィールを判断するためには、クレマを多く含む最初の1口目だけで判断せず、もう1口飲んでみることをおすすめします。

## アフターテイスト

**目的** アフターテイストとは文字どおり、エスプレッソの後味のことです。エスプレッソを飲み干した後に残る余韻の性質、そして口腔内全体に広がる香りの性質を感じ取り、この余韻・香りの良し悪しと持続性を判断します。

**方法** エスプレッソを飲み干した後、口の中に残った余韻は甘さが持続し良いものだったか？ あるいは、すぐ消えたり、刺すような酸味や渋さを伴うものだったか？ このような評価を行うことで、アフターテイストを判断することができます。

## 舌の感じ方

舌の感じ方とは、「舌のどの部分で味を感じるか」という意味です。

エスプレッソを口に含んで舌先でしか味を感じない場合、十分に抽出しきれていない可能性があります。つまり「未抽出」の状態です。逆にエスプレッソの味を舌の奥、つまり付け根や下顎の根元あたりで強く感じる場合は抽出し過ぎている可能性があります。これは「過抽出」の状態です。また後者の場合には、素材による悪い酸が出ている場合もあります。

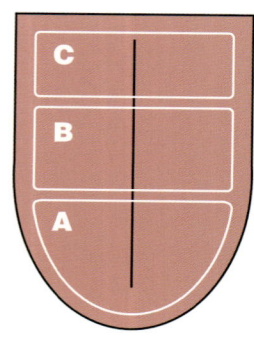

舌の感じる部分の分布。Aの舌先でのみ感じるなら、抽出しきれていない可能性が高く、Cの付け根や下顎の部分で強く感じる場合は抽出し過ぎている可能性が高い。A〜Cまで舌の広い領域で感じるエスプレッソは「液体に奥行きがある」といえる。これは良い抽出である可能性が高い。

# エスプレッソテイスティングのまとめ

　エスプレッソのテイスティングを理解し身につけるための重要なポイントを2つお伝えします。
　まず1つ目は「答えを急がず、抽出とテイスティングは根気よく行うこと」です。
　エスプレッソは、メッシュや焙煎からの日数、温度・湿度、粉のグラム数、これら多くの項目に左右され、味が変わります。
　テイスティングは、1杯のエスプレッソに対して2回は行うよう心がけてください。1回目と2回目では、口に入ってくるクレマと液体の分量や、温度による感じ方などが変わってくるからです。結論を急がずに、日々繰り返し行うよう努めてください。
　そして2つ目は、「客観的視点を持つために、いろいろな素材や環境でトライしてみること」です。素材とはコーヒー豆のこと、そして環境とはマシンもそうですが、コーヒーセミナーへの参加をはじめ、高いレベルの情報や正しいソースに触れる場に身を置くことです。自分の店で、決まった豆だけでやり続けていると、視野が広くなりません。多くの素材に触れ、高いレベルの情報に接するように努力してください。
　最後に、もう1度繰り返しますが、エスプレッソのテイスティングの最大の目的は「バリスタ自身のエスプレッソのスキルを最大限に高め、"引き出し"を増やすことで、ひいてはお客様に喜んでいただくこと」です。
　バリスタのスキルの中でも中核となるエスプレッソのテイスティングを、しっかりマスターしましょう。

本章の原案を解説した丸山健太郎。50回以上におよぶコーヒーの国際品評会の経験、10年近くにおよぶエスプレッソの経験から、本章のフレーバーとマウスフィールの項目を解説している。

エスプレッソテイスティング 2
# フレーバー

　エスプレッソコーヒーは、スペシャルティコーヒーのフレーバーを最大限に表現する飲み物です。

　ここでは、エスプレッソのテイスティングにおけるフレーバーの項目に焦点をあて、その取り方などを解説していきます。

　この解説は、私が所属している『丸山珈琲』のオーナーである丸山健太郎の話をもとに進めます。

　まずP.33の「フレーバーの取り方」の図を見てください。これはエスプレッソのフレーバーの感じ方を簡単に図にしたものです。

　テイスティングをする際に重要なことは、何となくでも構わないので、該当するフレーバーを感じる努力をすることです。

## STEP 1
## 酸に関連しないフレーバーを取る

　エスプレッソのフレーバーを取る際は「チョコレート系」「ナッツ系」「スパイス系」という3つの分類のどれに属するかをまず判断します。

　濃色液体であるエスプレッソは、チョコレートやナッツ、スパイスなどのフレーバーが出やすく、判断しやすいのです。

　はっきり感じ取れるならすばらしいことですが、何となくでも構いません。3つの中から該当する一つを感じ取れたら、P.33の図を参考にしながら、さらに深い階層へ入ってみましょう。

　たとえば、あなたの飲んだエスプレッソが、チョコレートに分類されるフレーバーを持っていたとします。次に、そのチョコレートフレーバーは、ビターチョコと呼ぶべき苦味の要素を持っているのか、ミルクチョコのようなまろやかさを持っているのか、さらに細かく分類します。そこでビターチョコの要素が勝っていたとしましょう。では、そのビター感はカカオの割合でいうと何％くらいでしたか？　しかもそれは高級チョコレートでしょうか？　それとも大衆向けのチョコレートでしょうか？　こんな風に考えながら、フレーバーの持つ要素をより具体的にしていきます。

　これはもちろんチョコレート系に限らず、ナッツ系、スパイス系にも同じことがいえます。ナッツ系なら、アーモンドなのか、ヘーゼルナッツなのか、あるいはピーナッツなのか。また、それは生なのか、炒ったものか。

　あなたがエスプレッソで感じたフレーバーは何だったのか、よく感じてみてください。

## STEP 2
# 良質な酸を持つフレーバーを取る

　エスプレッソを飲んでフルーツのフレーバーを感じたら、それはつまり「良質な酸を持つエスプレッソ」です。

　なぜこのようにSTEPを2つに分けてお話したかというと、エスプレッソにはチョコレートやナッツのフレーバーはあっても、フルーツのフレーバーは出ないものもあるからです。その場合は、無理にコメントしないこと。つまりフルーツのフレーバーを感じない時はコメントしないでください。

　フルーツフレーバーを伴うエスプレッソは大きく分けて「柑橘系」「ベリー系」「トロピカルフルーツ系」の3つに分類することができます。

　右頁の図を見てください。柑橘系なら、さらに3つに分解することができます。軽い酸味ならレモン、次にグレープフルーツ、そして甘さを伴うしっかりとした酸味を持っていればオレンジと表現できます。

　これと同じようにベリー系を判断してみます。酸を感じやすいものはラズベリーで、徐々に甘くなり重くなっていくにつれてブルーベリー、ブラックベリーとなっていきます。

　トロピカルフルーツ系（キウイ・マンゴー・バナナ・パッションフルーツ・パイナップル・パパイヤなど）を判断する場合は、個々のフルーツの特徴をつかみ、それと同じような傾向があるかを判断します。たとえばパイナップルなら、酸を多く含んでいるが甘さも十分にあり、マンゴーはそれより甘さが勝っているが酸は弱いといえます。このようにトロピカルフルーツ系では個々のフルーツの特徴が重要です。

　以上の3つ以外にフローラル系のフレーバーを感じることがあります。フローラルとは花を思わせるような香りで、ジャスミン、バニラ、スミレなど具体的な花の香りをイメージできればよいでしょう。フローラル系のフレーバーを感じる抽出液の場合、カップに顔を近づけた時点でアロマからはっきりとそれが感じられることが多いです。

# フレーバーの取り方

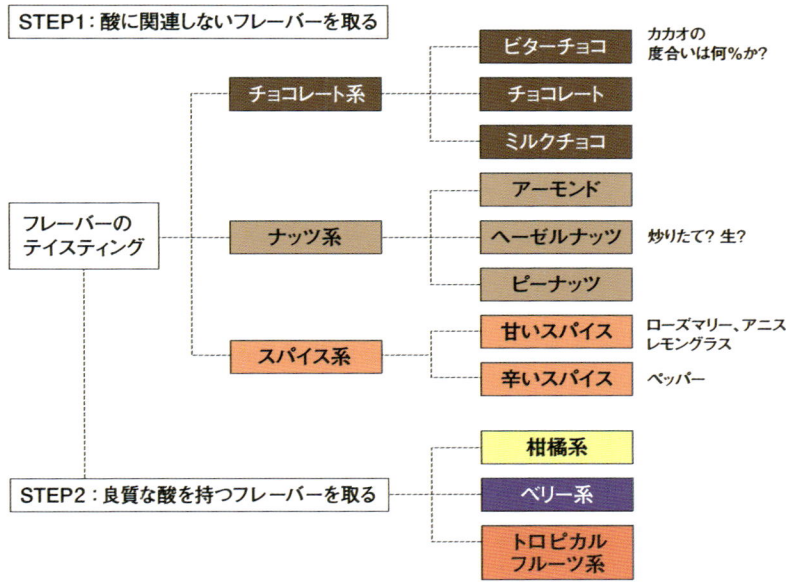

## フレーバーの取り方 "柑橘系"

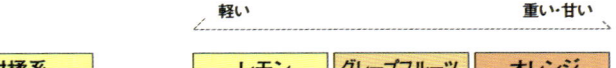

## フレーバーの取り方 "ベリー系"

## フレーバーの取り方 "トロピカルフルーツ系"

※トロピカルフルーツは、個々のフルーツの特徴をつかみ、それと同じような傾向があるかを判断する。

※高地産の良質な素材の場合、リンゴ・青リンゴなどのフレーバーを感じることもある。

## さまざまなフレーバーに触れる

　フレーバーが取れるようになるための訓練として、多くの食材を口にすることをおすすめします。今回の資料にあげただけでも、のべ20以上の食材・香辛料があり、それを細分化すると、さらに多くの食材が存在します。当然口にしたことがない食材は味をイメージできず、フレーバーのプロファイルとして浮かんできません。チョコレートにもビターチョコ、ミルクチョコがあり、カカオの割合も本当に細かく分かれていて、それぞれに味も違います。多くの食材の味を知っていることは、みなさんがフレーバーを感じ取る上で、きっと助けになるはずです。そして何より、さまざまな食べ物や飲み物に興味を持つことは、バリスタとしての知識と見識を広げることになり、お客様とのコミュニケーションを広げるきっかけにもなるでしょう。

## フレーバーのまとめ

　エスプレッソを飲んで「何をイメージできるか？」と急に問われてもむずかしいかもしれませんが、「チョコレート系か、ナッツ系か、それともスパイス系か？」と問われれば、選択肢はかなり絞られます。
　コーヒーの味を取ることは訓練によって成し得るものです。そしてそれは繰り返し行うことで身につけることができます。
　コーヒー（素材）に興味を持ち、視野を広げ、その可能性を掘り下げる探求心を持つこと。それができれば、素材の特徴をつかむことができ、その特徴を自分の言葉で語ることもでき、お客様とのコミュニケーションも図られ、より高いポテンシャルの豆にも取り組みたいと思うことでしょう。

エスプレッソテイスティング 3
# マウスフィール

　ここでは、エスプレッソのテイスティングにおけるマウスフィールの項目に焦点をあて、その取り方などを解説していきます。
　マウスフィールとはカッピングやテイスティングおける造語で、「液体を口に含んだ時に舌や頬の内側に感じる質感」を表します。その質感とは、舌や頬の内側に触れた際、心地よいか、もしくは好ましい感触のものでなくてはいけません。
　エスプレッソはドリップコーヒーより粘度があり、その粘度まで心地よく楽しめるドリンクですし、お客様もそれを期待しています。

## マウスフィールの判断方法

　マウスフィールでは「心地よさ」や「好ましさ」が重要だと説明しましたが、それに伴い注意すべきことが1つあります。
　「質感には"ザラツキ"や"刺激感"を伴ってはならない」ということです。
　質のいいエスプレッソには、粘度や重量感、いわゆる質感がしっかりとありながら、ザラついたり、強い刺激感などはありません。
　マウスフィールを取る際には、強さや刺激、あるいは液体量の多さで味を取らないように気をつけてください。

マウスフィールを取るためには、まず視覚的に良いエスプレッソを抽出する必要がある。豆の状態や焙煎度合い、日数にもよるが、乳化され、ゆっくりとハチミツのように落ちるエスプレッソを目指し調整する。

# マウスフィールの要素

## マウスフィールの表現方法

　エスプレッソを口に含んだ時、最初に感じてほしいマウスフィールの要素は「液体が舌などの表面に触れた時の感覚」です。その中でも肯定的ないくつかの表現とその感覚を紹介します。
- Oily…粘性があり心地のよい油分を感じる場合。
- Syrupy…Oilyよりもっと液体がツルツルとして、シロップのような感触の場合。
- Creamy…質感が口の中で柔らかい印象の場合。
- Buttery…油を伴った上質ななめらかさを感じ、それが少しとけたバターのような感触の場合。
- Silky…絹のような、スベスベしたきめ細かい食感の場合。

## 重量感・厚みの質感

　次に、液体の重さ（エスプレッソの重量感）や厚みを見ます。液体に十分な重みを感じた場合はHeavy、濃厚で深みのある質感を感じた場合はRichと表現します。

　重さや厚みを感じようとする際に、粉の多さやメッシュの細かさによるパンチの強さ・重さをHeavyやRichと捉えないよう注意してください。

## その他の質感

　マウスフィールの感じ方は他にもいくつか存在します。
　たとえば、エスプレッソの液体がしっかりと凝縮された質感を持つ場合はCompact、質感に丸みを感じるような場合はRoundと表現します。
　また、エスプレッソの中には、いくつかの豆をブレンドすることで、いくつものマウスフィールの要素を複雑に持ち合わせたものや、多面的な質感を持つものがあります。そうしたものは複雑という意味でComplexと表現します。

　ここまではポジティブな表現ばかりを説明しましたが、なかにはそうでないものもあります。
　たとえばThin、これは「薄い」「平べったい」という意味ですが、質感が著しく厚みに欠け、まったく薄っぺらい感覚の時に使われます。
　次にFlat、これは「平らな」「平坦な」という意味ですが、その通り質感が平坦で抑揚がまったく感じられない場合の表現です。
　これ以外にもまだまだプロファイルは存在しますが、ここにあげただけでも多くの表現が存在することがわかるでしょう。

## マウスフィールのまとめ

マウスフィールのポイントをもう1度おさらいしましょう。

マウスフィールとは液体の質感を舌や頬の内側で感じること。そしてマウスフィールでは刺激や強さ、パンチ、ザラツキなどを取らないこと（質のいいマウスフィールではないため）。

エスプレッソとドリップコーヒーの最大の違いであり、味覚の重要な評価項目であるマウスフィール。このテイスティングが身につけば、自分の抽出したエスプレッソを客観的にチェックすることができ、素材のポテンシャルも確認できます。

これは先にもお話しましたが、とにかくたくさんのエスプレッソに触れ、多くのテイスティングの機会をつくってください。いろいろなお店やセミナーなどに出向き、テイスティングの幅、そして視野を広げ、経験値を高めるよう努力してください。大切なのは自己の感覚による評価ではなく、客観的な評価の目を持つことです。

視覚的に良いエスプレッソは、良いマウスフィールを持つ可能性が高い。しかし素材や焙煎の良し悪し、そして何より、抽出の細部までは確認できない。ここから先はテイスティングこそが確認の手段となる。

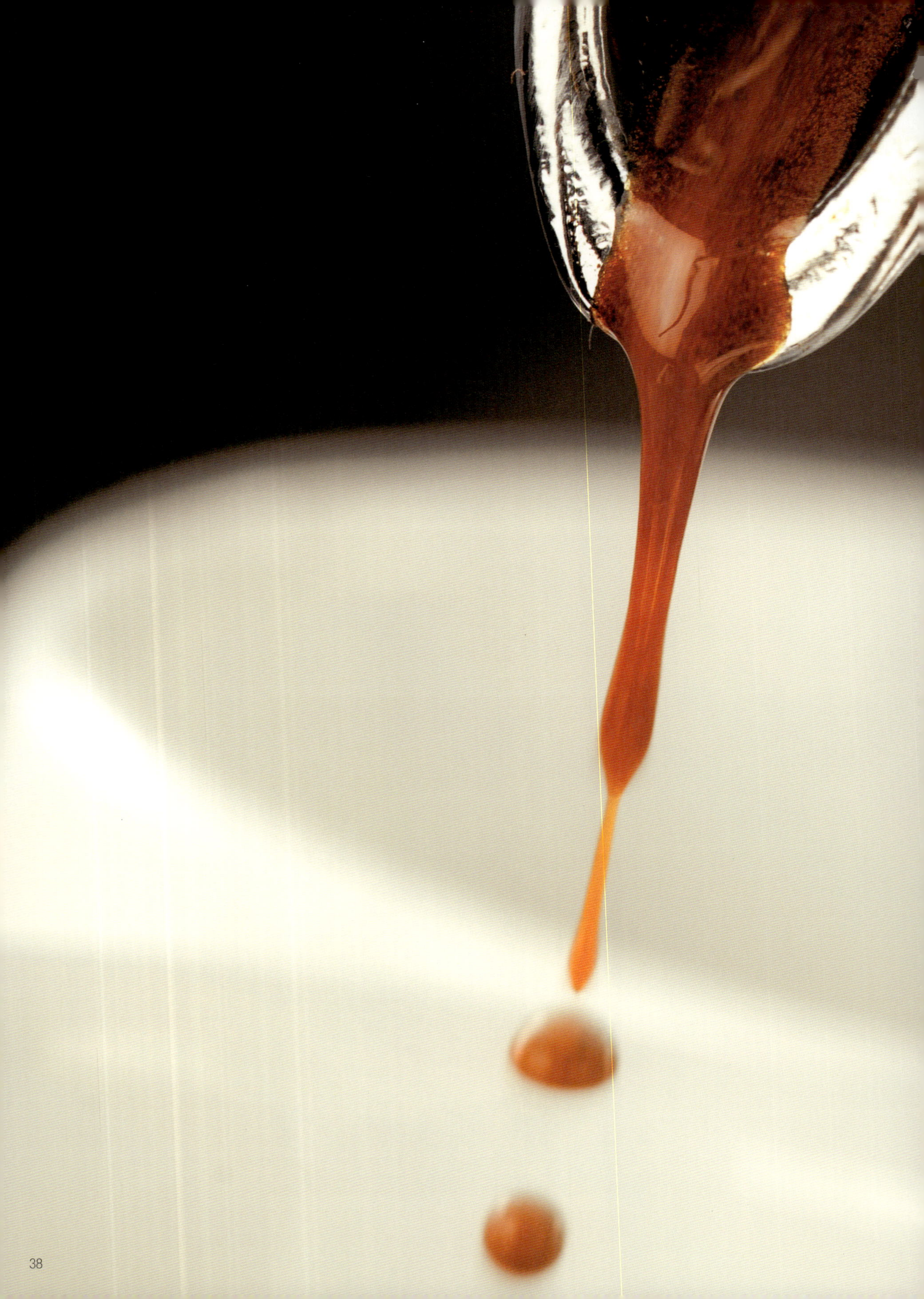

## Chapter 4
# Brewing Espresso

## エスプレッソの抽出技術

この章では、エスプレッソを淹れるために必要な、ドーシング〜抽出までの一連の技術とそのポイントについて解説します。

# エスプレッソの抽出技術とコントロール

　本書では、まず初めに「新しいバリスタとしてのイメージ像」を確立してもらい、次に味・品質について理解してもらいました。それらを理解した上で抽出技術についての学習に入ると、そこで自分のしていることが「新基準のバリスタ像」や「品質における基準」と合致しているかどうか、判断がつきやすいからです。

　抽出技術に取り組む新人のバリスタたちが、「これってうまくいっているのかな?」と悩む光景はよく目にします。それを解消するため、あえて以上の順序で紹介してきました。

　では、抽出技術における重要ポイントは何か。簡単にいうと「コントロール」です。豆の状態、ブレンド、焙煎、エイジングなどについて理解しているか? ドーシング、タンピング、メッシュ、挽き量などのグラインダーコントロールはできているか? エスプレッソマシンの操作をコントロールできているか? そして抽出圧力や温度は正しく設定できているか? 抽出したエスプレッソに素早くミルクを注ぎ、いち早く提供することで、最後のクオリティコントロールはできているか? こういったことが抽出技術におけるコントロール項目でしょう。

　41ページの図を見てください。これはエスプレッソにおける一連の取り組みを表したものです。この中の「抽出とコントロール」こそが、バリスタとして素材の味を出すために技術を発揮すべきポイントです。この「抽出とコントロール」をさらに細分化すると、次のようになります。

①豆に関する前提条件を把握して抽出に臨む。
②液体(エスプレッソ)の味・品質を基準にして抽出を調整する。
③正確で一貫した技術で抽出する。

どこの産地、農園のものか知る → 豆がどのような特性を持っているか知る → カッピングや他の抽出方法で豆の特性を確認する

→ その豆に適正な焙煎度合いを知る → 焙煎からの経過日数を知る → 包装形態や保管場所を知る

抽出とコントロール

→ エスプレッソとして、さまざまなポイントをコントロール・調整し、抽出する  → テイスティングを行う  → テイスティング結果から、焙煎やエイジングの調整を行う

①豆に関する前提条件を把握して抽出に臨む。
②液体（エスプレッソ）の味・品質を基準にして抽出を調整する。
③正確で一貫した技術で抽出する。

# ① 前提条件を把握して抽出に臨む

　ここでいう前提条件とは、「どの産地・農園の豆か」「その豆はどのような特性を持っているか」「焙煎度合いはどれくらいか」「焙煎からの日数は」といったことです。この点については第2章でも解説しています。
　これらの前提条件を把握していなければ、抽出によってできた液体（エスプレッソ）が、自分の技術によるものか、そうでないのかがわからず、改善・修正点が定まりません。ですので豆に関する前提条件を必ず把握した上で抽出に臨みましょう。

# ② 液体の味・品質を基準にして　抽出を調整する

　エスプレッソの手引き書などを見ると、グラムや抽出時間の理想が書かれていたりします。これは参考にすべき数字ではありますが、絶対的なものではありません。
　バリスタが定めるべき絶対的指標は「味」。抽出された液体（エスプレッソ）のクオリティが重要なのです。数字的指標は1つの参考として考え、味を基準にして抽出してください。基準にする味については第3章の「エスプレッソテイスティング」で紹介しています。

# ③ 正確で一貫した技術で抽出する

　一貫とは「1つの方法・方針・態度で臨み続けること」を指します。つまりバリスタには、味を基準にした上で、常に一定の量や一定の技術で抽出するテクニックが必要なのです。
　もし理想のグラム数やメッシュ調整ができたとしても、それを何回も素早く繰り返すことができなければ、高いクオリティでエスプレッソを提供し続けることはできません。
　理想の液体・抽出ができた→その動作を何度も繰り返して行える、これがバリスタの技術の第一歩です。

# エスプレッソの抽出技術（1）
## 〜ドーシングから抽出の調整まで〜

　ここからは、エスプレッソの抽出動作の各技術について詳しく解説します。
　たとえばバリスタチャンピオンシップのような大会でも、お店で顧客にエスプレッソを提供する場合でも、高品質な素材を使えば、それだけでおいしいエスプレッソが出て、高い評価が得られるというものではありません。その素材の持っているポテンシャルを出し切り、ベストな状態で抽出する。お店であれば、その抽出を早く、かつ繰り返し行える。これができなければ、良い素材を使っても、その価値は薄れてしまいます。
　では、エスプレッソの抽出において、何を注意し、どこに注力すればいいのでしょうか。下記にあげる技術面の課題を確認していきましょう。
①ドーシング
②メッシュの調整
③レベリング
④タンピング
⑤マシンへの挿入と抽出
⑥抽出状態の確認
⑦抽出の調整

## ① ドーシング

　ドーシングとは、挽かれたコーヒーの粉をフィルターバスケットに入れる作業のことを指します。「シングル1杯7g、ダブルで14g」という基準を書籍やネットで見かけたことがあるかもしれませんが、それは忘れてください。これは昔からある伝統的な基準に照らして作られたものです。確かにこれは1つの目安ではありますが、ダブルで18gを最低基準にし、それより多い20〜22gくらい必要なこともあると思っておいてください。なぜならエスプレッソは、高圧で一気に抽出することにより、あの味・アロマ・質感を引き出しています。それがバスケットに入れる粉量が少なく、中で必要以上の隙間が生じると、豆に十分な圧力がかからず、先に述べたような特性を出すことが困難になります。豆の成分がしっかり濃縮された、粘度のあるエスプレッソにするためには、高い圧力が必要です。一定以上の粉量をバスケットに入れることで、マシンからの高圧を活かしきることができるのです。
　では、ドーシングで重要な3つのポイントを個別に解説していきます。

①意図した一定量をドーシングする。
②見た目にきれいで、均一な状態にする。
③粉はこぼさない、捨てない。

ドーシングはきれいな山型もしくは均一になることを意識する。ここで粉が偏って入れば、抽出に大きなマイナスの影響をもたらす。また、ドーシングでは周囲に粉をこぼさないことも大切だ。毎回多くの粉を廃棄していると、杯数を重ねるにつれ、多くの無駄が出る。ドーシングこそエスプレッソの抽出技術のスタートだ。

　ドーシングは、まずフィルターをきれいに拭き取り、そこに水分や粉を残さないようにしてから開始します。ここで水分が残っていると、フィルターに粉を入れた時に、粉に水が染み込み、フィルターをマシンにセットする前に抽出が始まってしまうからです。
　ドーシングは上の写真が示すとおり、きれいに、しかも全体に均等に粉が行き渡るように入れるか、もしくはフィルターバスケットの真ん中に粉を落とし、きれいな山型を作る必要があります。こうしないと粉のつまり具合が均一にならないからです。粉が均一な状態でなければ、密度の低い場所には優先的にお湯が流れ、過剰に一部抽出される「過抽出」が発生し、密度の濃い場所にはお湯が流れず、粉が抽出されない「未抽出」が発生します。

## 意図した一定量をドーシングする

　ドーシングは「何グラムをフィルターに入れよう」と考えて行います。意図した量が入るようにするためには、ハカリで計測することも大切です。ドーシングしては計測し、計測してはまたドーシングする。これを繰り返し、常に「意図した粉量±0.5g」くらいの正確さは必要です。

## 見た目にきれいで、均一な状態にする

　ドーシングでは「意図した量の粉を、きれいに無駄なくフィルターに入れる」ことが大切です。きれいに入れることで、フィルター内の粉の広がりを常に均一にし、抽出が始まった際に粉全体をむらなく抽出することができます。

## 粉はこぼさない、捨てない

　粉を捨てるというのは、いろいろな意味がありますが、挽きすぎてドーサーにたまる、ドーシング時にバラバラとこぼれる、レベリングで切る、タンピング時にこぼれるなど、使われなかったすべての粉についてのことです。粉の無駄は1回の抽出ではたいした量ではなくても、1日、1週間、1ヵ月になるとその量は相当なものになります。それは無駄なお金を使っていることにもなり、お店でいえば原価率にも影響しますので、無駄は1粒でもなくすのが理想です。ただし粉の無駄をなくそうと意識するあまり、ドーシング量が均一にならないようでは困ります。最初のうちは適正量より2〜3g出るのは仕方ないですが、慣れてくるにつれ、無駄をゼロに近づけていくことが大切です。

　余った粉はドーサーにためて次回使えばいい、という人もいるでしょう。しかしこの方法はあまりおすすめできません。なぜなら、エスプレッソの粉は他の抽出方法に比べて格段にメッシュが細かいため、挽いた瞬間に輩出される揮発性の成分も多いのです。ということは、いい香りや味わいの成分が早く出ていくということなので、放置するのはよくありません。

　おいしいエスプレッソを抽出するためには、安定したドーシングが欠かせません。この技術をマスターすれば、粉量の調節が必要な場合も、微妙なグラム数をコントロールすることができます。

### 粉の計測

　一連の抽出技術においておさえておきたいのが「定量で理解すること」。つまり数字をおさえて技術の一つひとつを確認すること。その代表的な事例がドーシングの粉量です。ドーシンググラム数を安定させる練習をしたい、もしくは初めての豆に向き合う場合、ドーシングの粉量を計測することは、大変重要なことです。そのための効率的な方法として、ポルタフィルターのバスケットを外し、中にあるスプリングを取り除いておきます。このスプリングは、フィルター本体とバスケットをつなぎ止める役割を果たしているので、なくなればバスケットは簡単に外れます。こうすれば1回のドーシングごとに簡単に粉のグラム数を計ることができるのです。

　これ以外にも、マシンの抽出圧、エスプレッソの液量、ショットタイムなど、簡単に数字で把握できるポイントがいくつもあります。

ドーシングの粉量を計測するのに粉をハカリに乗せ変えるのは大変だ。そこでフィルターとバスケットをつないでいるスプリングを外せば、簡単にバスケットが外れ、計測することが可能になる。計測することでドーシングの正確性を見ることは非常に重要なことなので、新しい豆やマシンに取り組む時は必ず行うようにしよう。

## ② メッシュの調整

　メッシュとは、エスプレッソに限定しない粉の粒度・細かさのことをいいます。メッシュも粉量の調整（ドーシング）と同様、味や抽出状態に大きく関わる重要な項目です。

　メッシュ調整は一般的に、細かくする場合は「Fine」という方向に回し、粗くする場合は「Grossa」もしくは「Coarse」という方向に回します。

　メッシュは細かければ細かいほどパウダー状に近づき、コーヒーの表面積が増え、粉の個数が増えるので、それだけ抽出時間がかかります。逆に粗くなればなるほど、表面積も減り、同じグラム数換算では1粒あたりが大きいので固体の数が減るため、抽出時間も短くなります。「もっとゆっくり、長い時間をかけて抽出したい」と思えば、メッシュは細かくしないといけない場合が多く、逆に「もっと抽出時間を早めたい、スムーズにしたい」と思えば、メッシュを粗くしないといけません。

　メッシュ調整のポイントは2つあり、「定量的に行うこと」と「仮説を立てること」です。どんな状態に調整したいのか、そのためにグラインダーのメモリをいくつ動かすのか、その結果どのように作用したのかを常に考えながら実行すること。そうすればメッシュ調整の1回1回が、バリスタの経験となりますし、どのケースにいくつグラインダーを調整したらよいかがわかるようになります。

　「少し抽出が早めなので、2～3秒ほど抽出時間を縮めたい。そのために、1目盛りFineにして、粉を細かくしてみよう」と決める。その結果の抽出状態を見て、予想どおりに効果が出たか、それとも思ったよりゆっくりならなかったのかなどを常に確認するのです。

メッシュの調整は粉を細かくするか、粗くするかの調整だが、そこに多くのポイントが隠されている大事な動作だ。細かくするか粗くするかは抽出状態や味わいによって判断する。メッシュをどれくらい動かすかは、グラインダーの機種や、刃の状態によっても違うため、使用機種の傾向・感覚を見極めることが大切だ。

## ③ レベリング

　レベリングとは指や手のひらを使ってドーシング後の粉をならすことです。

　バスケットの粉は、抽出の際に高い圧力にさらされます。粉のつまり具合や密度に差があると、マシンから輩出されたお湯は、粉の密度が低い部分に集中してしまい、すべての粉をまんべんなく抽出することができません。レベリングとはそういった状態を解消し均一にならす作業です。

　最近ではレベリングせずに、ドーシングした粉をそのままタンピングする技術も見受けられます。時間短縮につながりますが、より高い技術のドーシングが必要になるので、最初はレベリングをしたほうが良いでしょう。

　やり方はさまざまですが、問題は方法ではなく「全体を均一にならす。きれいにならす」と常にイメージしながら行うことです。

ここで、レベリングの方法の一例を紹介しましょう。

ドーシングの粉は、どんな高性能マシンを使っても、均一な状態でムラなくフィルターに入れることはむずかしいでしょう。そこをレベリングでならす必要があります。

写真の方法は、人差し指の付け根あたりから、人差し指と親指の間、親指の付け根あたりを使用し、粉全体をフィルターに沿ってグルグルと回すことにより、粉をきれいにならす方法です。最後には人差し指を使って、まっすぐにならし、粉をきれいな水平にします。

最も初歩的なレベリングは、人差し指を棒のように使って、右→左、左→右、奥→手前、手前→奥に切るという方法です。これは単純に指を使って擦り切る方法ですが、全体が均一になるよう前後左右に向けて全方向行います。

レベリングはこの方法が正しい、などと決めるのではなく、「フィルター内全体をなるべく短い時間で均一にならす」というポイントを頭に入れて、いろいろな方法を研究してみましょう。

## レベリングの一例

最後に、人差し指を使圧して、まっすぐにならし、粉をきれいな水平にする。

レベリングの一例。人差し指と親指の間、親指の付け根あたりを使用し、粉全体をフィルターに沿ってグルグルとまわすことにより、粉をきれいにならす。

## ④ タンピング

　タンピングは、タンパーという道具を使用して、フィルターバスケットにおさまった粉から空気を抜き、しっかりと押し固める作業です。

　タンピングで大事なことは、水平に、つまり全体を均一に押し固めること。そしてある一定以上の強い力で押し固めることです。

　エスプレッソの粉は非常に細かい上、マシンからは通常9barという高い圧力がかかります。正しいタンピングができていないと、押す力が強かった部分と弱かった部分、あるいは力加減により高低差ができた部分などでお湯の通り具合が変わり、粉全体をムラなく抽出できません。

　また、コーヒー粉を押す力が弱すぎると、細かい粉がしっかり円柱状にパックされません。この状態で圧力がかかると、粉の多くが舞い上がってマシンに触れた粉が焦げたり、フィルター内で激しく粉が動くことできれいに抽出されない事態も発生します。

　タンピングのポイントは「水平に、一定以上の力で粉をパックする」ことです。

　グラインダーによっては付属のタンパーがマシン本体に設置されているものもありますが、あのような体勢と設置位置では、およそ力強く均一に粉を押すことは不可能です。理想の抽出状態や品質の液体を作りたいなら、必ずタンパーを使って作業に臨みましょう。

　注意すべきポイントを具体的にあげると、まずタンパーの持ち方です。これは押した時の水平感が持てるようなグリップで握るようにします。そしてフィルターとタンパーの水平感が合うようにして、押してください。あくまでフィルターに対して水平で、力強く押すことが大切です。重さはだいたい15〜20kgくらいといわれていますが、科学的な根拠はありません。ただ実際に体重計などで計測してみると、それくらいの重量をかけているバリスタが多いですし、しっかりとパックするためにはそれくらいの重量が必要です。どのようなタンパーを使用するのがいいのかは後のP.52で紹介しています。

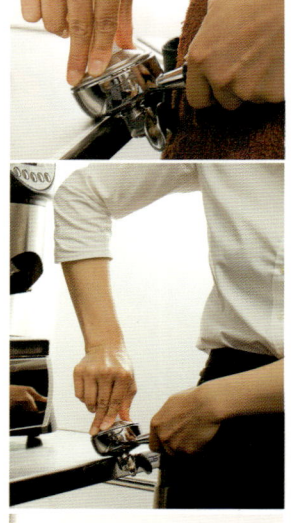

タンピングのポイントは「水平に、一定以上の力で粉をパックする」こと。まず押した時に水平を感じ、水平にならなかった場合に微調整ができるようなグリップでタンパーを持つ。そして手首などに無理がかからないよう、肘を軽く曲げ、肘より下がまっすぐになるような姿勢をとる。特に女性は腕で押すのではなく、体全体で押すようにする。水平に押せると、写真のようにどこから見てもまっすぐタンパーが直立しているようになる。

# ⑤ マシンへの挿入と抽出

　タンピングが終わったら、フィルターの周囲に付着している粉を素早く払い落とします。これが残っていると、マシンのグループヘッドの中にあるガスケットというパッキンの役割を果たすゴムと、フィルターの間に粉が挟まり、高い抽出圧力を外に逃がしてしまいます。

　その後抽出に移りますが、フィルターを挿入する前には必ず2〜3秒でいいのでフラッシュ（湯通し）をしてください。フラッシュによって、お湯が出るスクリーンおよび周囲に付着した粉を流します。そしてコントロールされていない一部のお湯を排出し、マシンが温度管理しているお湯を抽出に使用する前準備になります。

　マシンにフィルターを挿入したら、即抽出します。カップを抽出台に置く前に、何かを準備する前に、とにかく挿入したら即抽出ボタンを押すものだと思ってください。

　フィルターの中の粉はすでに細かく挽かれており、挽かれる前の豆よりも格段に熱や水に弱い状態になっています。フィルターはただでさえ熱いですし、装着したマシン本体はもっと高熱で、水気を帯びています。挿入したら粉を劣化させないよう即抽出する必要があるのです。この動作はでき上がりの品質にも関わってきますが、一連の動作のスピードアップにもつながります。

タンピング後は、フィルターの周囲に付着している粉を素早く払い落とし、フラッシュという湯流しをする。フラッシュ後はフィルターをマシンに挿入してすぐに抽出ボタンを押す。カップをセットするのはその後だ。

## ⑥ 抽出状態の確認

　エスプレッソを抽出し始めたら、それが良い状態か否かを一定レベルで確認することができます。

　エスプレッソは抽出ボタンを押した直後に出るわけではなく、数秒の後（マシンの機種などにより違いがある）に濃いブラウン色の液体が、ゆっくりと真下に流れ落ちます（写真1）。その後、少し色が薄くなっていき、流れる速度が徐々に早くなっていきながら、およそ20〜30秒ほどで1oz（約30cc）に達します（よって1ozがわかるメモリ付きのショットグラスを使用する）。

　写真2のように最初から薄い液体が早いスピードで流れ出たり、10秒あまりも液体が出てこなければ、それは調整する必要があるのです。

　テイスティングの章でも述べたように、エスプレッソの良し悪しの判断はあくまで味覚でするべきです。しかし、見た目でも一定レベルの判断はできます。流れ落ちるスピード、角度、色合い、1ozに達するまでの速度など、視覚的な要素でも確認できることはあり、それらが適正な状態でない場合、ほとんどのケースで液体は、そのコーヒーのポテンシャルを正しく反映したものにはなっていません。

抽出ボタンを押した後、どれくらいでエスプレッソが出てきたか、それはどういう状態か、色合いはどうか、どれくらいでゆるく白い液体になったか…抽出状態を確認するのは重要なことだ。大きく異常をきたしている場合はメッシュや粉量を調整する必要がある。それを判断する一つの指標が、抽出状態だ。

## ⑦ 抽出の調整

　エスプレッソの抽出後は、その状態を確認し、ベストな状態になるまで繰り返し抽出を行う（調整する）必要があります。ここで主に調整するポイントは「メッシュ」と「粉量」です。最大のポイントはメッシュですが、これについてはメッシュの項（P.46）を確認してください。

　粉量については、粉を多くすれば純粋に液体に対する粉量が増えることになるので、濃度が高まり、味は濃くなる傾向にあります。そして粉が増えればお湯の通りも悪くなるので、抽出がゆっくりと起こり、なおのこと味わいは強まります。粉を少なくすれば、これと逆のことが起きやすくなります。

抽出状態が良くなったら、味見をします。味の出方によってメッシュや粉量を調整するのです。タンピングの強さも抽出状態に関係してきますが、メッシュと粉量に比べれば、影響としては大きくありません。

　それ意外にも、ディフューザースクリーン（P.77）やフィルター内の汚れ、マシンの基本的な温度や圧力の異常などにより、エスプレッソがしっかり抽出されていないこともあります。これらは調整以前のメンテナンスの問題ですので、日頃から意識を配ることが大切です。特にスクリーンやフィルターはこまめに清掃するようにしましょう。

抽出状態がよくなったら、味見をする。味の出方によってメッシュや粉量を調整するのだ。ここでどのように調整したいのかを判断するが、その指標は常に味わいを基準に行う。

# エスプレッソの抽出技術(2)
## 〜コーヒーケーキのチャネルを防ぐ〜

## チャネルとは何か

　私は以前からコーヒーケーキのチャネルが気になっていました。チャネルとは、エスプレッソ抽出後のケーキにある穴のことを指し、よくフィルターの縁の部分にできやすく、これが存在することはよくないことだとされています。なぜならチャネルの存在とは、フィルターに圧がかかり熱湯が通り抜ける際に、金属フィルターとコーヒーの粉の設置面をお湯が通ったことを意味します。そのお湯は、しっかりと抽出せずにコーヒーの粉を通過した可能性が高いことになり、エスプレッソが水っぽくなるなど、液体のクオリティを下げる要因になるからです。

　お湯はまんべんなくフィルターを通り、すべての粉を均一に抽出する必要があります。しかし、そのために何度もレベリングするのは時間がもったいないですし、水っぽくしないために粉をパンパンにつめるのはカップクオリティを重視することにならず本末転倒、というのが私の考えです。

## チャネルの発生を防ぐMカーブタンパー

　では、どうすればチャネルの発生を効率よく防げるのでしょうか。その答えを探るために私が着目したのがタンパーです。タンパーには、水平な面を持つフラットタンパーと、ゆるやかな曲線を描くカーブタンパーの大きく分けて2種類があります。しかし、これら既存のタンパーでは、チャネルの発生を防ぐのはむずかしく、発生部分をしっかりと粉でガードする必要があると思ったのです。

　フラットタンパーの良い点は、側面が水平なことで、タンピングの時にバリスタが水平を感じやすいことです。逆にカーブタンパーは水平を感じることはむずかしいものの、曲面であるがゆえにタンピングのゆがみが多少生じても、お湯は中央に流れてくれます。フラットは水平な形状なので、タンピングがゆがむと、そのゆがんだ方向にお湯が多く流れ、抽出にムラができる可能性があります。

　フラット・カーブタンパーの両方の利点を取りつつ、さらにチャネルができないよう独自設計を施したものが「Mカーブタンパー」です。私が考案したこのオリジナルタンパーは3つの設置面から構成されています。まず平たいフラット面、その脇にカーブ面、ここまでは従来のタンパーの組み合わせ

に近いでしょう。オリジナルタンパーにはさらに「ガード面」という設置面を作り、それがこのタンパーの重要なポイントになっています。このガード面は、タンピングの際にフィルターバスケットの縁にコーヒー粉の堤防を作り、チャネルの発生を防ぎます。

　このMカーブタンパーを使用することで、チャネルに関しては今までより格段に気にかける必要がなくなりました。また効率もよくなり、カップクオリティの安定にもつながります。

　Mカーブタンパーは、WBC2010ロンドン大会で日本代表の中原見英バリスタをはじめ、4名の各国のチャンピオンに使用してもらうことができました。そして国内大会のJBCでも数多くのバリスタたちが使用してくれています。

　チャネルの存在、それ自体が絶対的にカップクオリティの低下を招いているとはいえません。もっと他に問題となる要素はあり、あくまでチャネルはその中の一つです。しかし、その小さな要因を取り除くことが少しでもエスプレッソの質を高めるかもしれない、そんな可能性に賭けて取り組んだ成果が、このタンパーなのです。

　バリスタとして日々過ごす中には多くの追求すべきポイントが存在していると思います。その隠れた問題に気づき、新しい方向性を見つけ出すことも、バリスタの仕事の楽しみではないでしょうか。

Mカーブタンパーは、下部のコーヒー粉との接地面の形状はどれも同じで、それ以外の材質やハンドルの形状を変えることで、さまざまなバリスタに使用してもらえるよう考慮している。丸山珈琲の店舗およびWebShopなどで発売している。

2009年に行なわれたBarista Campでの比較実験。向かって左はフラットタンパー、右はMカーブタンパー。Mカーブのほうはコーヒーケーキの色が一定で、均一にお湯が抽出されたことがわかる。それに対しフラットタンパーは色ムラがあり、ドライの粉が残っている部分が確認できる。

カーブ面
フラット面
ガード面

タンパーの設置面は中央よりフラット面、カーブ面、ガード面となっており、縁のガード面がコーヒー粉の堤防を作り、チャネルを防ぐ最も重要な役割を果たしている。

Chapter 5
# Cappuccino

カプチーノ

エスプレッソにミルクを注いで作るカプチーノ。
この章ではカプチーノ作りのポイントを詳しく解説します。

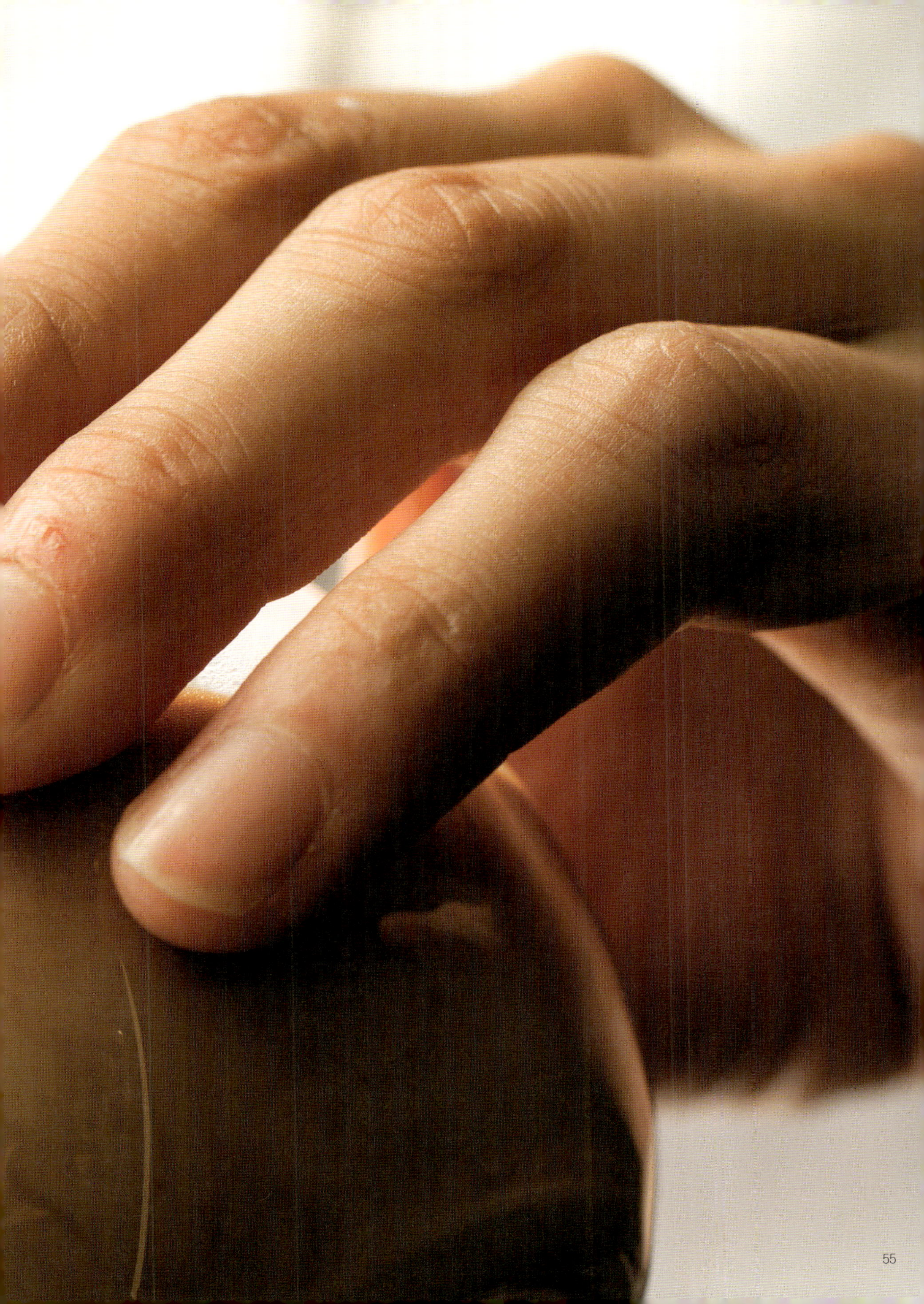

本章は、10年以上のバリスタ経験を持つ、『丸山珈琲』の櫛浜健治バリスタ（P.117）の協力の下、解説を進めていきます。
　エスプレッソは、一般には「濃く、また量も少なく、味が強い飲み物」という印象が強いうえ、日本ではまだまだ広く飲まれるドリンクとはいい難いものがあります。
　しかし、そんなエスプレッソのおいしさを最も活かしたドリンクこそがカプチーノといえるでしょう。なぜなら、ミルクを加えて作るこのドリンクは、コーヒーが苦手な人でも味わえるすばらしい飲み物に変わるからです。カプチーノは、コーヒーを消費者にとってグッと身近なものにする、すばらしい飲み物なのです。
　カプチーノのおいしさは、次にあげる4つのポイントに隠されています。
① クオリティの高いエスプレッソを作る。
② スチーミングにより、コーヒーのおいしさや特徴を引き出すミルクを作る。
③ エスプレッソにミルクを注ぐ作業により、コーヒーをバランスよく味わえるカプチーノを作る。
④ すべての作業を効率よく、時間をかけないことを意識して行う。

# ① クオリティの高いエスプレッソを作る

## カプチーノの味はエスプレッソで決まる

　おいしいカプチーノを作るためにはクオリティの高いエスプレッソが欠かせません。クオリティといってもさまざまな概念が存在しますが、バリスタに要求されるエスプレッソのクオリティについては3章の「エスプレッソテイスティング」で詳しく解説しています。基本は「味わい」のクオリティです。
　カプチーノにおいてまずおさえておきたいのは、「カプチーノの味はエスプレッソで決まる」ということ。カプチーノはエスプレッソが重要な核となってできている飲み物であり、原則は、カプチーノに合わせてエスプレッソを調節するわけではない、ということです。色合いをよくするためにエスプレッソを濃く抽出したり、コーヒー感が強く出るようにエスプレッソを強い液体にすることは、原則行いません。ラテアートのコントラストがきれいに出るように味を変えてしまうなどはもってのほかです。芸術性を高めるためにエスプレッソを強調すると、せっかくいいコーヒーであってもアフターテイストに渋味やビター感を残し、全体のバランスが悪くなります。そしてドリンク全体がネガティブな意味で重たいものになり、最悪の場合、1杯飲み切ることができない仕上がりになってしまうこともあります。
　「お客様に提供する時も、バリスタチャンピオンシップの時も、カプチーノを基準にエスプレッソを調整したことはありません。コーヒー本来の持ち味をエスプレッソで抽出できているかが大切。それができていないと、どんな

にミルクの出来がよくてもおいしいカプチーノにはなりません。カプチーノは1にも2にもエスプレッソが重要で、さらにいえば、素材であるコーヒーそのものが大切なんです」

これはカプチーノに関する櫛浜バリスタの弁です。

カプチーノのおいしさはコーヒー＋ミルクの甘さではなく、ミルクによって引き出されるコーヒーの甘さからくるもの。そのためにはクオリティの高いエスプレッソが必須である。

## カプチーノを検証する

　では、エスプレッソを適正に抽出できたとして、ほかに何を意識すべきか。それは「カプチーノにした時、そのコーヒーの特徴や、そのコーヒーが持つフレーバーを感じるか」をチェックすることです。

　カプチーノはミルクが入った飲み物なので、ついつい多くの粉をつめ、ミルクに負けないよう強いエスプレッソを作り出すことでしっかりしたコーヒー感を出そうとするバリスタが多く見られます。しかし、大切なのはコーヒーの味を強く出すことではなく、コーヒーそのものの特徴や味わい、そして何より「コーヒーそのものの甘み」を感じること。これらを検証する方法として、まずはエスプレッソのメッシュをテイスティング可能レベルまで調整します。次にショットグラスやカップをマシン台にセットしますが、抽出口が2口ある場合、一方はショットグラスやデミタスグラスで、もう一方はカプチーノ用カップで受けます。こうすることで、カプチーノとエスプレッソの両方の味の状態をテイスティングすることができます。

　味をみて少し悩んだ時は、コーヒーの濃さや強さを変化させてカプチーノにしてみてください。間違えても外観や色合いの濃さだけを求めてエスプレッソを抽出することがないように。これがカプチーノ作りの最初のポイントです。

品質のよいコーヒーで抽出したすばらしいエスプレッソは、ミルクが合わさることでより素材の甘さを感じます。カプチーノに合わせてエスプレッソを作るのではなく、クオリティの高いエスプレッソを軸にしたカプチーノ作りに臨んでください。

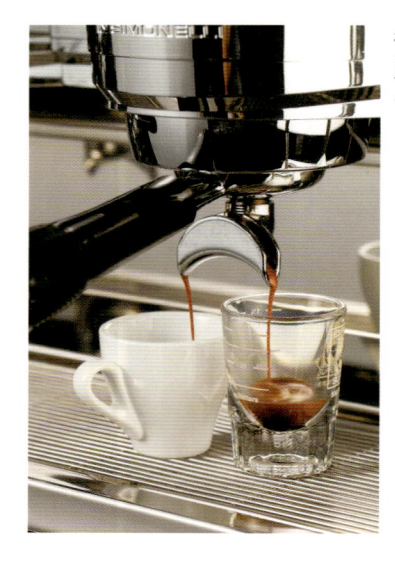

ショットグラスとカプチーノ用カップに抽出すると、エスプレッソそのものとカプチーノのテイスティングが同時に行える。

## ② コーヒーのおいしさや特徴を引き出すミルクを作る

　適正なエスプレッソを抽出できたら、次はミルクのスチーミングです。
　ミルクを温め、ミルクフォームと呼ばれる泡を作り出すことをスチーミングといいます。
　高品質のコーヒーは、ミルクが合わさることで「コーヒーそのものの甘さ」をより感じるようになります。そしてカプチーノは、ミルクによって甘くなるのではなく、ミルクの助けを借りて、より「コーヒーそのものの甘さ」を感じるドリンクになるのです。その甘さやおいしさを引き出すためのポイントが次の4つになります。
- ミルクの温度
- ミルクフォームのきめ細かさ
- ミルクフォームの量
- ミルクのテクスチャー

## ミルクの温度

　ミルクの温度とは「飲み物として飲みやすい温度」であり、適度に温かい飲み物として楽しめるというのが基準です。

　ミルクを熱くし過ぎたカプチーノを飲むと、飲んだ時に「フォーム」と「液体」が分離しているように感じます。最初にフォームが入ってきて、突然液体が入ってくる感じを受けるのです。

　液体はスチームすればそれだけ温度が上がりますが、フォームはいわば泡＝気泡の集合体であり、いくら液体が熱くなっても泡、つまり空気であるフォームの温度はあまり上がりません。ですから飲み始めのフォームはさほど熱くないのですが、その奥にある液体が入ってくる段になって、急に熱さを感じます。これが分離を感じてしまう理由です。

　温度が高いことでの問題はまだあります。それはコーヒーの苦味が強くなってしまうことです。温度が高くなり過ぎると、繊細なコーヒーの甘さや触感を感じにくくなり、代わりに、コーヒーにとって一番わかりやすい成分である苦味を強く感じるようになってしまうのです。

　そして当然ですが、温度が高ければ舌をやけどしてしまう危険性もあります。

　カプチーノはできたてが一番おいしく、すぐに飲んでもらうのがおすすめです。それはミルクフォームが繊細で、時間が経つと液体とフォームに分離してしまい、その独特のなめらかさや質感を味わえなくなるからです。そういった理由から、高温で提供してお客様が飲めずに待つという状態はつくりたくないのです。

　カプチーノの"飲みごろ"は、お客様がすぐに飲める温度であり、液体とフォームの一体感を感じさせ、素材であるコーヒーの繊細な甘さを感じる温度です。その温度を確認する作業は温度計ではなく、聴覚などの体感で行います。スチーム中は手のひらで温度を感じるように、スチーミングの音を聞きましょう。温度が高くなると、その音も高くなります。

　手のひらで感じる熱さ、スチーム中の音、スチーム時間の長さは…、その結果できたカプチーノはどんな味であったか。トレーニングではこれを1回1回確認します。この作業を繰り返し行うことで、ミルクの最適な温度帯を探ることができるのです。

スチーム中は手のひらを使用し、温度を感知する。スチーム中の音でも温度を予測できる。

## ミルクフォームのきめ細かさ

　きめの細かいミルクフォームは、カプチーノになめらかで絶妙な触感をもたらす重要な要素であり、ラテアートにおいて美しい外観を作るための必須要素でもあります。

　下の写真を見てください。写真1は完成度の高いフォーム例です。照明で輝き、気泡は目視できないほど細かくなっています。一方、右の写真2は完成度の低いフォーム例です。照明が反射しないのは表面が粗いからで、大きな気泡も確認できます。

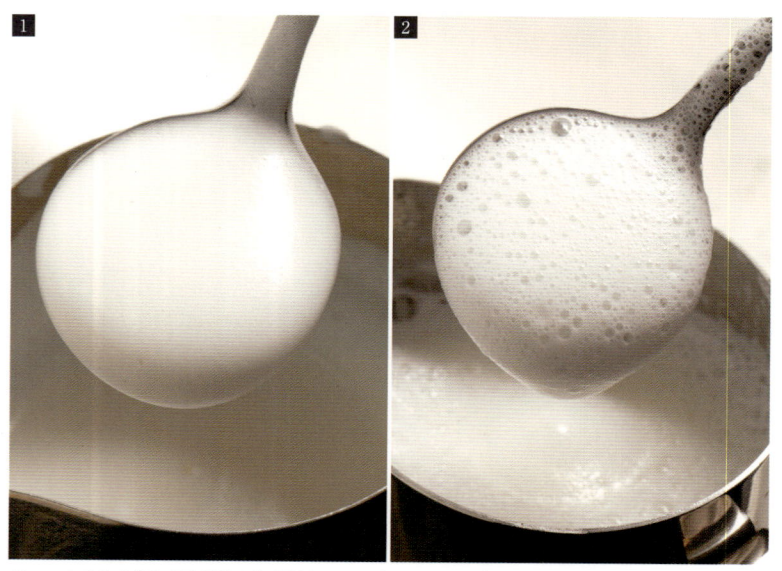

フォームのきめ細かさは目視でも確認することができる。カプチーノとして注ぐと、色が着いてよりわかりやすくなる。きめが細かくなればなるほど触感がよくなり、カプチーノの見た目もきれいに仕上がる。

　では、どのようにすれば、完成度の高いフォームが作れるのでしょうか。ポイントは「少しずつミルクに空気を含ませること」と「ノズルから出る蒸気をすべて使うこと」です。

　右頁の写真を見てください。写真1は少しずつ空気を含ませている様子です。ほとんど波が立たず、とてもきれいな液面になっています。一方、写真2では、最初に一気に空気を入れ、残る時間はそれをつぶす作業に当てています。こちらは大きな泡が確認できます。後者の方法でも、ある程度はきれいな外観のフォームを作ることができます。しかし、一見きれいに見えても、この2つには大きな違いがあります。

　写真2のミルクは泡がボコボコと立っていますが、これは注入した蒸気がミルクの表面から弾ける泡となって逃げている状態、つまりノズルから取り込んだ空気をすべて使用できていません。スチームの熱や空気が逃げているのですから、スチーム時間は長くかかります。ノズルからは蒸気として水

が出ているので、時間がかかればかかるほど、ミルクには多量の水分が含まれることになります。お客様に提供する商品ですから、早く作れるほうがいいですし、水っぽくなってしまってはコーヒーの味を損ないます。

それに対して写真1の徐々に空気を取り込む方法では、ノズルの空気や熱はほとんど使われています。その証拠に表面が泡立っていません。取り込んだ空気をほぼ使用しているため、時間も短くて済み、ミルクも水っぽくなりません。

「ミルクフォームは一気に作らず、少しずつ作っていく。ただしボコボコと泡を立てず、熱を逃がさず、作業そのものは効率よく短時間で行なう」

このポイントを頭に入れて、スチーム中は目視でもフォームの状態を確認しながら練習しましょう。

スチーミングは表面を泡立てず静かに行なう。一気に勢いよく行うこともできるが、フォームは粗くなり、弾けた泡とともに熱も逃げるため、時間がかかってしまう。「効率よく、かつきれいに」を心がける。

## ミルクフォームの量

　カプチーノには適度なフォーム量が必要です。一定量以上のきれいなフォームは、飲んだ時になめらかでやわらかい触感をもたらしますが、フォームが薄いと、注いですぐに液体と泡が分離し、それぞれを口の中で別々に感じます。これではカプチーノのおいしさの特徴である"フォームと液体の一体感"を感じることができません。

　カプチーノは分解すると、ミルクフォーム（泡）、液体のミルク、エスプレッソで構成されています。フォームが少ないということは、液体のミルクが多くなる、つまりエスプレッソに対するミルクの割合が増えることを意味します。大量のミルクが入ってしまっては、エスプレッソが薄まり、コーヒーそのものの味を感じにくくなります。

　下の写真を見てください。写真1はスプーンでめくるとすぐに液面が見えます。これは数ミリほどしかフォームがありません。これだとフォームが少ない分、ミルクが多くなりますから、エスプレッソの味は薄く、触感も水っぽくなります。

　一方、写真2のほうはスプーンでめくっても液体は見えず、しっかりフォームの厚みがあることがわかります。

　適正なフォーム量は「なめらかな触感を楽しむため」に、また「ミルクに対するエスプレッソの適度な濃度を維持するため」に必要なのです。

左はフォーム量が少ないもの、右はフォームの厚みが適正のもの。

## ミルクのテクスチャー

　「テクスチャー」はアルファベットでtextureと書き、触り心地、視覚的・感触的な表面の感じ・外見・きめなどを意味します。
　コーヒーやエスプレッソの触感・質感は「マウスフィール」と呼ばれますが、ミルクの触感・質感を私は「テクスチャー」と表現しています。
　ミルクのテクスチャーにおいて重要なポイントは2つ。第一に、きめの細かいフォームを作ること。きめの細かいフォームからは、なめらかな触感と質感を感じることができます。第二に、効率よく早い時間でフォームを作ること。これについてはP.60の「ミルクフォームのきめ細かさ」のところで詳しく解説しているように、スチーム時間が経過すればするほど、さまざまな弊害が起こるからです。
　櫛浜バリスタはバリスタチャンピオンシップでミルクのテクスチャーがよいと評価を受け、他のバリスタとの違いを検証したそうです。その結果、他のバリスタに比べてかなり短いスチーム時間で仕上げていることがわかりました。
　「短時間できめの細かいフォームを作る」。これがミルクのテクスチャーにおいては重要なことです。

# ③ コーヒーをバランスよく味わえる　カプチーノを作る

　ミルクを注ぐという作業は、カプチーノの味わいを作り出す重要な要素の1つです。これには次の2つのポイントが存在します。
- 攪拌しながら注ぐ
- コントラストを作る

　ミルクとエスプレッソを攪拌する（混ぜ合わせる）ことと、両者のコントラストを作ること、一見相反するようですが、この2つのことがカプチーノの味わいに大きく影響します。

## 攪拌しながら注ぐ

　ミルクをエスプレッソに注ぐ際は「ムラなくエスプレッソと混ぜ合わせる」ようにします。スペシャルティコーヒーでエスプレッソを作る場合、焙煎からの経過時間が短いことも多く、そのような豆で抽出したエスプレッソはクレマが固いため、攪拌しながら（＝ミルクピッチャーをさまざまな場所に動かしながら）注がなければ、きれいなカプチーノの外観を作れない場合があるのです。また、攪拌することで「フォーム」「液体のミルク」「エスプレッソ」が十分に混ざり合い、味の偏りをなくすことができます。

　下の写真を見てください。写真1のカップはミルクとエスプレッソがくっきりと別れているのがわかります。つまり両者は混ざり合っていません。これでは上部はエスプレッソの味が濃く、下部はミルクが強い味わいになります。

　一方、写真2のカップは全体的に混ざり合っているのがわかります。これだと全体の味のバランスは非常によくなります。

　このように透明のカップで注ぐとよくわかるのですが、注ぎ方一つでカプチーノのテイストバランスは変わるものなのです。

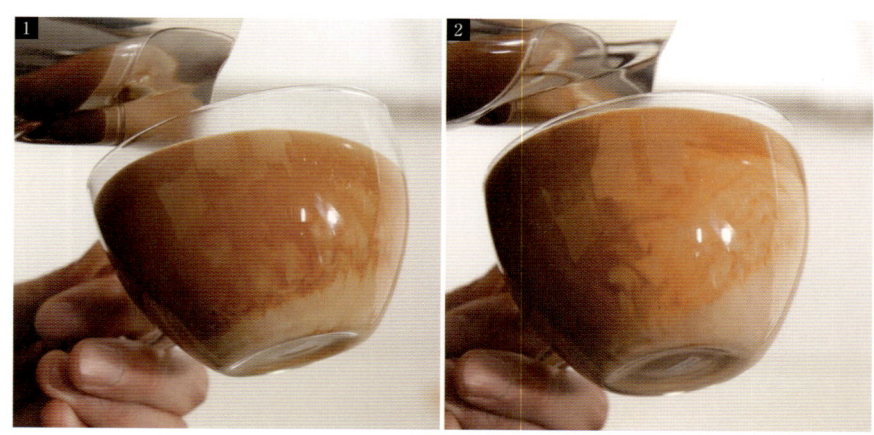

左はミルクとエスプレッソが混ざり合っていないもの、右は混ざり合っているもの。

## コントラストを作る

　下の写真を見比べてください。ミルクの注ぎ方ひとつで出来映えも大きく変わってきます。

　写真1のカップは全体的にミルクの白さが際立ち、そのせいで飲み口もミルク感が支配的になりがちなもの、いわゆる「ミルキー」という状態です。

　一方、写真2のカップはエスプレッソのクレマの色を残しながら注意深く注いだもので、エスプレッソのコーヒー感、その素材感を適度に感じることができます。また、コントラストがはっきりしたものは、見た目のポイントも高くなります。きれいなラテアートはクオリティの高いカプチーノとイコールではありませんが、その要素の一つではあります。写真2のカップのように注ぐことができれば、美しいラテアートができ、お客様も喜んでくれることでしょう。

　コントラストやラテアートを重視するあまり、1点だけにミルクを注いだり、表面のきれいさだけを考えてしまいがちにならないよう注意しながらカプチーノを作りましょう。

上はミルクの白さが際立つもの、下はコントラストのきれいなもの。コントラストがきれいだと、どこから飲んでも最初にコーヒーの部分を口にすることになり、コーヒーの味を感じてもらえる。

## ④ すべての作業を効率よく行う

　カプチーノというドリンクは、できあがりのクオリティと作業スピード・効率とが密接に関わり合っています。
　エスプレッソを抽出し終えてからミルクをスチームしていては、エスプレッソを長時間放置することになり、そうすると劣化が進んでクオリティは著しく下がります。そうならないように、エスプレッソを抽出し始めたらすぐにミルクのスチーミングを行います。スチーミングで効率よくミルクに空気と熱を入れられるとテクスチャーのいいフォームができ、時間も短縮できます。
　カプチーノを作る過程は、ポルタフィルターを外し、お湯をフラッシュし、フィルターを拭く…、そしてピッチャーにミルクを入れ、ノズルを空ぶかしする…などいくつもの動作からなります。この動作一つ一つをスピードアップするだけで、バリスタによっては数十秒早く提供することが可能になり、それはお客様に商品を早く提供できることにつながります。
　きれいなカプチーノに出会ってこの道を志したというバリスタも多いことでしょう。そんなバリスタのみなさんがすばらしいコーヒー（素材）を使って、クオリティの高いカプチーノを作り、家庭では再現できないそのすばらしい味わいによって、多くのコーヒーファンをつくっていってくれることを願っています。

cappuccino

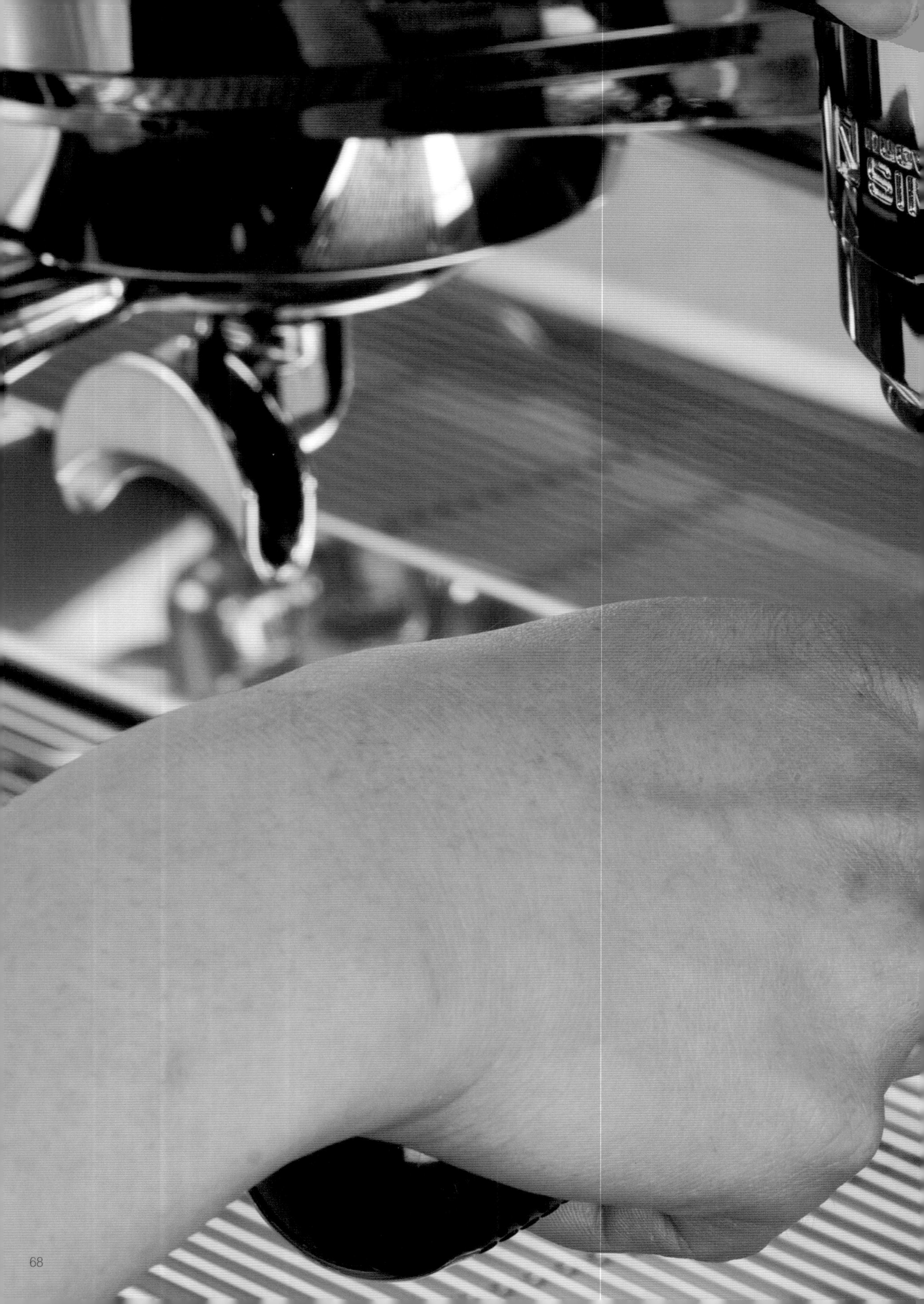

# Chapter 6
# Machine

## マシンを知る

エスプレッソの抽出に不可欠なグラインダーとエスプレッソマシン。
本章は、それらマシンに関する基礎知識と選び方のポイント、
メンテナンスについて解説します。

# グラインダー

この章では、エスプレッソマシン関連で常に日本をリードする(株)DCS代表の左野徳夫氏に話を聞き、それを筆者である私がまとめています。

## フラットとコニカルの違い

グラインダーでまず考えるべき大事なことの一つに、フラットとコニカルという刃の形状があります。

フラットは薄い2枚の刃が重なり合って構成されており、2枚の刃が高速で回転し豆を"切断する"ようなイメージでコーヒーを粉状にします。一方のコニカルは、円錐台の下刃にドーナッツ状の厚みのある上刃が重なって低速で回転し、豆を"粉砕する"ようなイメージでコーヒーを粉状にします。

この「フラットによる切断」と「コニカルによる粉砕」の違いは、その後の抽出に差を生み出します。フラットで挽く場合、いわば挽く作業とは高速での切断作業になるので、豆の一粒一粒はきれいにカットされ、粉の形は細長くなります。組織はあまり壊されずに残りますが、粒度や形状は揃いづらくなります。逆にコニカルの場合は一次的な「粉砕作業」と二次的な仕上げの「削り作業」と、2段階で行う構造のため、豆の一粒一粒が均一な粒度を保つのに適しており、粉の形は多面体になります。

フラットとコニカルにどのくらいの違いがあるかはP.73の比較図を見てください。

では、抽出の時に、それぞれの粉にお湯や圧力がかかるとどうなるか。コーヒーの粉の一粒一粒にお湯が浸透する場合のプロセスとして「面より角から優先して染み込む」「組織が弱く染み込みやすい部分から浸透していく」ことがあげられます。そう考えた場合、フラットで削られた粉は角が少なく、面もスパッと鮮やかであるがゆえに弱い部分が少なく、全体的に固いため、あまりお湯が浸透しやすい状態ではありません。それに対してコニカルのほうは多面体なので角が多く、お湯の通る場所が数多く存在します。そして粉砕という工程は粉をいわばつぶすということなので、組織全体が壊されて弱くなっており、フラットに比べて容易にお湯が浸透するのです。

抽出作業というのは粉の中にお湯が入り、粉の中の成分が外に出るいわば置換作業ですから、粉の中にお湯が入りやすい状態がより促進されるコニカル刃は、抽出においてはよりすぐれた構造といえるかもしれません。

だからといってコニカルがいいことずくめかというと、必ずしもそうとはいえません。コニカルはつぶすことで組織を破壊するため、挽いた瞬間から成分が大気中に出ていきやすいことも特徴の一つです。つまり粉になった瞬間か

株式会社DCS代表の左野徳夫氏。スペシャルティコーヒーのエスプレッソ抽出に関する研究と啓蒙活動に取り組むSCAJバリスタ委員会委員長も務めている。

ら劣化を引き起こし、保管には向きません。フラットは鮮やかにカットすることで面が多く表面は壊れないため、成分をその中に長く閉じ込めておくことが可能です。

「刃が違うだけで抽出時の状態もエスプレッソの味わいも変わってくる」ということをまずは頭に入れておきましょう。

## グラインダー選びで重視すべきこと

グラインダー選びはコニカルかフラットかですべてが決まるわけではありません。それ以外の重要なポイントの1つに「操作性」があり、その中でも大きなポイントがオート式とレバー式の違いです。オート式とはボタンを押せばそのままポルタフィルターに粉が出てくるタイプのもの、レバー式とはドーシングチャンバーといわれるボックスの中に粉を挽き、そこからレバーを挽くことでポルタフィルターに粉を落とすタイプのものです。オート式はドーシングチャンバーがないことで作業工程を短くし、挽きたての粉を新鮮なまま、しかも素早く使用することができます。

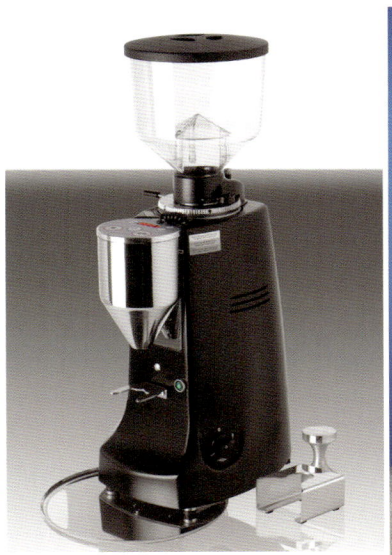

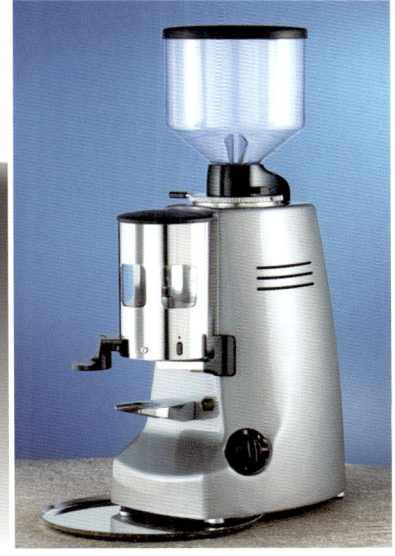

写真左がオート式グラインダー、右がレバー式グラインダー。いずれもMazzer「RCBUR(ローバー)」の人気モデル。オートグラインダーはボタン1つでポルタフィルターに粉を挽き出せる。また粉の無駄が出ず、鮮度もよく、何より早く提供できる。マシンの選択で、ぜひ重視したいポイントだ。

## グラインダーの基本性能

　ここで、マシンとしてのグラインダーの基本性能について少しお話します。
　実はグラインダーの性能を決める重要なポイントは刃の形状よりむしろモーターの性能にあります。グラインダーのスイッチをONにしてから、そのグラインダーが本来作り出したいトップスピードに到達するまでどれくらいの秒数がかかるのか？　そのトップスピードは負荷がかかっても維持されるのか？　これがグラインダーのパフォーマンスを決める条件といっても過言ではありません。
　なぜなら、トップスピードまでの到達時間が遅いグラインダーは、最初は回転が遅く、徐々に早くなる…というように回転速度にバラつきがあります。つまり粉の粒度が一定に揃う確率は低くなります。一定でない粒度では、良い抽出はできません。
　また、固い豆を挽く時や細かいメッシュを作り出したい時に、負荷に弱いモーターは速度が遅くなったり、最悪の場合には負荷によってグラインダーが停止してしまいます。したがって「トップスピードへの到達が早く、その速度を難なく維持できる」、これが高性能グラインダーの条件といえるのです。

グラインダーの回転速度が毎分何回転かを計測する。回転速度の計測はもとより、トップスピードへの到達時間と、負荷がかかっても速度が変化しないかがモーター性能の良し悪しだ。

## グラインダーの選択と取り扱いのポイント

　これまでの話の中で、素材の重要性や味の取り方、抽出技術など、さまざまな項目について解説してきました。これらは本当に大切なことですが、すばらしいエスプレッソを出す上ではグラインダーやエスプレッソマシンも欠かすことのできない重要な要素です。
　エスプレッソの機器を買い替える時、簡易なものや手頃なものであれば比較的容易に手に取ることができます。しかしグラインダーなら数十万円、エスプレッソマシンなら百万円以上はします。これらを気軽に買い替えることはむずかしいでしょう。
　また、グラインダーやエスプレッソマシンは品質に関わる重要な機械です。だからこそ、よく理解し、よく手入れすることで、よりよいエスプレッソの抽出につなげていくことができると思うのです。

電子顕微鏡で見るコーヒー豆の粒子。写真上は数万円の挽き売り用フラット刃のグラインダーで挽いたもの、下は定価100万円以上のMAZZER「ザール」というグラインダーで挽いたもの。どちらもエスプレッソ用ではなく挽き売り用のグラインダーである。これは同じ倍率の電子顕微鏡図だが、上がまったく粒度が揃っていないのに対して、「ザール」の粒度は小さな粒までかなり均一だ。価格差で10倍以上あるので、コストパフォーマンスをどう考えるかは各自次第だ。

## グラインダーの刃の違いによる比較図

| | フラット | コニカル |
|---|---|---|
| 刃の形状と<br>その特性 | 薄い二枚の刃が重なり合って構成されている。 | 円錐台の下刃にドーナッツ状の厚みのある上刃が重なって構成されている。 |
| カットの方法 | 高速で豆を切断するようなイメージ。 | 低速において1次作業で粉砕、2次作業で削るようなイメージ。 |
| 回転速度 | 高速：MAZZER「メジャー」で毎分1786回転。 | 低速：MAZZER「ローバー」で毎分525回転。 |
| 豆への負担 | 回転速度などにより粉が熱を持つ可能性がある。 | 回転速度が遅いため粉は熱くならない。 |
| 電子顕微鏡で<br>見る粒子 | 粒子は一定のレベルで均一ではあるが、若干のバラつきも。細長い形状をしている粒子が多い。 | 粒子は均一でバラつきが限りなく少ない。多面体のような形状をしている粒が多い。 |
| 粒度の形状と<br>抽出の差異 | 細長くきれいにカットされた粒子は、角が少なく、面が多い。水分は面よりも角から浸透しやすいため、液体も抽出されにくい。加えて、カットが鮮やかであるため、面は固くなり浸透しにくい。カット面がきれいだと成分が出ていかないので、保管に向く。 | つぶされて多面体のようになった粒子は角が多く、面が少ない。水分は面より角から浸透しやすいため、液体も抽出されやすい。加えて、全体的につぶされているため、面も浸透しやすい。ただし角が多く、粉砕がはげしいため、劣化が早く保管には向かない。 |

## グラインダーのまとめ

　最後に、グラインダーを選び、賢く使う上で私が大切と考えるポイントをあげます。

　まずグラインダーを選ぶ際には、信頼できるバリスタやコーヒー関係者の方に話を聞いてください。いうまでもないことですが、よく動作が停止するもの、壊れやすいものは除外しましょう。そして国内に正規代理店がないマシンもおすすめできません。十分なメンテナンスが受けられませんし、そのマシンに代理店が付かない＝何らかの理由がある、と推測されるからです。

　マシンを購入したらよく清掃し、メンテナンスをしっかり行いましょう。豆を入れっぱなしにして放置したり、1年以上も同じ刃のまま使用してはいけません。使用頻度が低くても、最低限の清掃は毎日行い、刃の交換は定期的にきちんと行ってください。

　品質の良いコーヒーがすばらしいエスプレッソに変わるかどうかは、バリスタの適正な選択と手入れにかかっているのです。

# エスプレッソマシン

　まず本題に入る前に、エスプレッソマシンに対する私の考えを少しお話しします。

　セミオートのエスプレッソマシンは日本でもいくつかの種類が売られています。この中で、どのマシンが一番性能がいいのか、もしくはどれがすぐれたマシンなのかという質問をよく受けます。

　日本で販売されているポピュラーなエスプレッソマシンは、どれを選んでもほぼ一定以上のクオリティがあり、選定の基準はマシンのクオリティというより、使う側の用途や考え方によって変わってきます。

　たとえば、コーヒーをドリップ抽出するためのドリッパーもさまざまな種類があります。もちろん、どれを選定するかで味は変わりますが、同じ人が、同じコーヒーを、同じ分量で淹れた場合、ドリッパーの種類によって劇的な変化を起こすのはむずかしいと思います。それよりも「どんなコーヒーを、どのような方法・淹れ方で抽出したのか」ということが味を大きく左右します。エスプレッソマシンもこれと同じで、マシンのクオリティより、使用するコーヒーやバリスタの淹れ方のほうが、はるかに味を大きく左右します。

　では、マシンで注意することはないのか？　もちろんそうではありません。複雑な機械であるがゆえに、気にかけなければいけないことがたくさんあるのです。

　「カップクオリティのためには、まずマシンを常に清潔で正常な状態に維持すること」と、左野氏は断言します。そのためには次の3つのことが大切です。

① マシンの構造を理解する
② 効果的な清掃方法を知る
③ 自分で出来るメンテナンスをする

　次からそれぞれの内容を見ていきましょう。

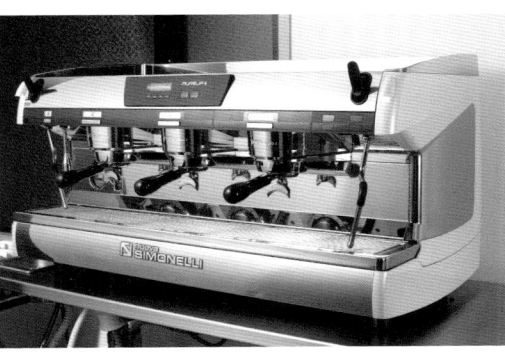

『丸山珈琲』の一部店舗で導入しているシモネリ社のエスプレッソマシン。

# ① マシンの構造を理解する

## エスプレッソマシンとボイラーの構造

　エスプレッソマシンは大きく分けて2つの機能を持っています。1つはミルクを温めるスチームの供給、もう1つはエスプレッソを抽出するための熱湯の吐き出しです。

　エスプレッソマシンに搭載されるボイラーにはシングル、ダブル、マルチという3種類があります。

　シングルボイラーは抽出用とスチーム用が兼用のタイプ（ボイラーが1つ）です。このボイラーの中には熱交換器というものが存在し、ボイラーの通過工程の間に熱交換をし、水を熱湯に変える仕組みになっています（図1）。構造的には、通過水がそのまま温められて抽出されるため、比較的ボイラーに水を滞留させずに排出することが可能です。ダブルボイラーに比べると構成部品が少なく構造もシンプルであるため、製品自体のコストも抑えることができるというメリットがあります。

　一方、ダブルボイラーは、コーヒーの抽出に使用するお湯も別ボイラーで加熱・管理する構造（ボイラーが2つ）になっています。最近では、2グループ以上のマシンに、グループごとにタンクが独立したものもあり、これをマルチボイラーと呼びます。

　ダブルボイラーとマルチボイラーの最大のメリットは、抽出用にボイラーが独立していることで、コーヒーのお湯の温度管理が正確にできるということです。抽出の温度は安定したカップを提供できるということに直結するため、品質を重視する昨今では、ダブルボイラータイプのエスプレッソマシンを選択するユーザーも少なくありません。また、スチームの使用頻度が高いシアトル系カフェのお店では、パワーが低下しにくいこのタイプを使用するケースが多いのも事実です。スチームを多用してもコーヒーのお湯の温度に影響せず、安定したオペレーションが可能という点はたいへん魅力的です。

　しかし、ダブル・マルチボイラーには問題点もあります。ボイラーやそれに付帯する部品も増えることから、マシンの価格が高価になります。また、抽出頻度が低い場合は抽出タンクにお湯が長時間滞留することから、水がフレッシュな状態で使われないことを問題にする人もいます。写真3の断面部分は、このダブルボイラーのマシンの心臓部ともいえるところです。ここを清潔で正常な状態に長く維持することが、マシンの寿命を長持ちさせます。

　右の写真5を見てください。これはスチームボイラーに取り付けられたヒーターの継ぎ目から水垢が漏れて固着した状態です。このようになると、部品の劣化による蒸気の漏れや不衛生なお湯の排出などが発生します。これを起こさないためには、マシン会社による定期的なメンテナンスを行うほか、マシン設置時に軟水機を同時に設置し、硬水による不純物の付着を未然に防ぐことです。

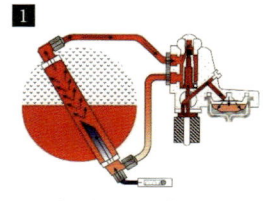

シングルボイラーの構造図。

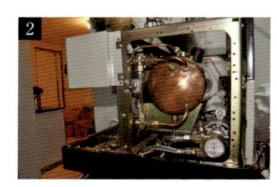

シングルボイラーの内部。

ダブルボイラーの内部。

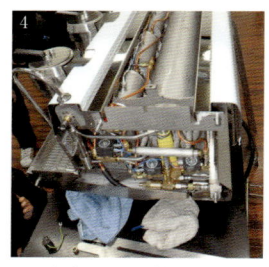

マルチボイラーの内部。

スチームボイラーのヒーターの継ぎ目。水垢が漏れて固着している。

## ② 効果的な清掃方法を知る

### 抽出部分の清掃

マシンの抽出部分（写真1）をブラシなどでゴシゴシとこする清掃は広く行われていることでしょう。しかし大切なのはこれに加えてバックフラッシュという作業（写真2）をすることです。

バックフラッシュは、ブラインドフィルター（写真3）をマシンに装着し、そこに抽出湯を流すことで、ディフューザースクリーン（写真1参照）より中を清掃する作業です。この場合、お湯は行き場がないので、スクリーンより内部をおよそ15気圧という強い圧力で流れ、コーヒー粉などを洗い流します。この作業は使用頻度にもよりますが、2時間に1回は行なったほうがよいでしょう。

ここで最も大切なのは、ディフューザースクリーンを外してこの作業を行うことです。ディフューザースクリーンを付けたまま気圧をかけても、ガスケット（写真1参照）といわれるフィルター装着部分とスクリーンの手前についたゴミが落ちるだけで、スクリーンより中の汚れは落とすことができません。

一番の問題はスクリーンより奥の汚れです。こういった内部の汚れこそがいつまでも残り続け、マシンの寿命やエスプレッソの味に大きく影響を及ぼすものだと理解してください。

1　エスプレッソマシンの抽出部分。
2　バックフラッシュを行っているところ。
3　バックフラッシュの際に装着するブラインドフィルター。

## フィルターバスケットの清掃

　抽出部分の清掃と同じ頻度で行なってほしい清掃に、フィルターバスケット（エスプレッソコーヒーの粉をドーシングするフィルター）の清掃があります。これはバスケットを外してコーヒー粉や油などをきれいに洗い流せばOKです。

　このバスケットと前述のディフューザースクリーンは、エスプレッソコーヒーの抽出フィルターや抽出容器の役割を果たすものです。

　たとえばフレンチプレスなら、コーヒーを1回抽出するごとにフィルターは洗浄しますし、ペーパードリップのペーパーも1回ごとに廃棄します。

　ところが、エスプレッソのフィルターであるバスケットは、1日に1回、最後に清掃するだけというお店も少なくありません。これでは高品質のコーヒーを抽出しているとはいえません。使用頻度にもよりますが、最低でも2時間に1回はバスケットの清掃を行いましょう。

## スチームノズルの清掃

　右下の写真1を見てください。これが何の写真かわかりますか？　これはスチームバルブのミルク成分が、その後のスチーミングの熱により変化して、異臭を放つ固着物となったものです。写真2はスチームバルブを分解した状態で、ミルクのスチームのための蒸気はこの部分を通って放出されます。バルブの空ぶかしと素早いスチーミングの動作、そしてメンテナンスの重要さを物語る画像です。

　ミルクをスチームした後、多くのバリスタは、ノズルを拭いて外見をきれいにしてから空ぶかしをして中のミルクを排出しています。しかしこれは不完全な作業で、ノズルはきれいになっても、中に入り込んだミルクを取り切ることはできません。

　スチームバルブは、スチームを終了しノズルを締めた直後から数秒以内が一番ミルクを吸い込む状態にあります。つまり「スチームを終了しノズルを締める→空ぶかししてミルクを出す→ノズルを拭く」という順序が良いでしょう。これを忠実に守り、素早く行うことで、写真のような事態の発生を限りなく最小限に抑えられます。

スチームバルブを分解した写真。ミルク成分が変化した固形物がこびりついている。

# ③ 自分で出来るメンテナンスをする

　エスプレッソマシンは高価で繊細なものです。長く、良い状態で使用するためには、日頃の清掃とメンテナンスが重要になります。

## ガスケットの交換

　エスプレッソマシンは9気圧という高い圧力で抽出されます。この圧力を漏らさずコーヒーの粉に当てるためには、ガスケットという黒いゴムが柔らかい状態でセットされていることが重要です。高い圧力と高熱の蒸気にさらされるガスケットは使用する度に段々と固くなり、その役目を果たせなくなります。

　そこで大事なのがガスケットの交換です。「1年ぐらいを目安に交換する」「抽出中にお湯が漏れたら交換のサイン」などがよく聞かれますが、それらは交換のタイミングを大きく逸しています。

　ガスケットは固くなる前に交換することが大切です。ガスケットが固いと正常に作用せず、抽出圧を外に逃してしまうので、コーヒーにかかる圧力を減らしてしまいます。

　右上の写真を見てください。写真1は使用から1年近く経過したガスケット、写真2は未使用の新しいガスケットです。使用して1年のものは固くなっているため、強い力を加えても円を保って動かず、もはやプラスチックのようになっています。それに対して新しいガスケットはゴムの弾力を保っているので、しなやかに曲がります。このしなやかさがガスケットの役目を果たす証なのです。

## プロのメンテナンス

　自分たちで出来るメンテナンスには限界があります。また、ユーザーレベルでは直せない箇所、気づかない症状、触れない場所も存在します。こういった部分をカバーするのがマシン販売店や代理店の重要な役割です。最低でも年に1回は専門業者にマシンのメンテナンスをしてもらいましょう。何も異常は見つからないかもしれませんが、そこで使用方法の注意点やメンテナンスのアドバイスを受けられるだけでも価値はあります。

　このプロのメンテナンス、成果はすぐに見えないかもしれませんが、あなたがマシンを正常に使用できる年数を確実に長くしてくれるはずです。

写真1は古いガスケット。もはや人の力ではまったく曲がらない状態だ。これではパッキンの役割を果たさないため、圧力がもれてしまう。写真2は新しいガスケット。こちらは弾力があるため簡単に曲がる。写真3の左は古くなり固まったもの、右に新しく弾力のあるもの。写真4・5はガスケットを取り外しているところ。

# Chapter 7
# Barista Training

バリスタトレーニング

バリスタの知識と技術の向上を目的に行われるバリスタトレーニング。
私・阪本が、企業や個人から依頼を受け、バリスタとともに取り組んでいる
バリスタトレーニングとはどのようなものか、紹介します。

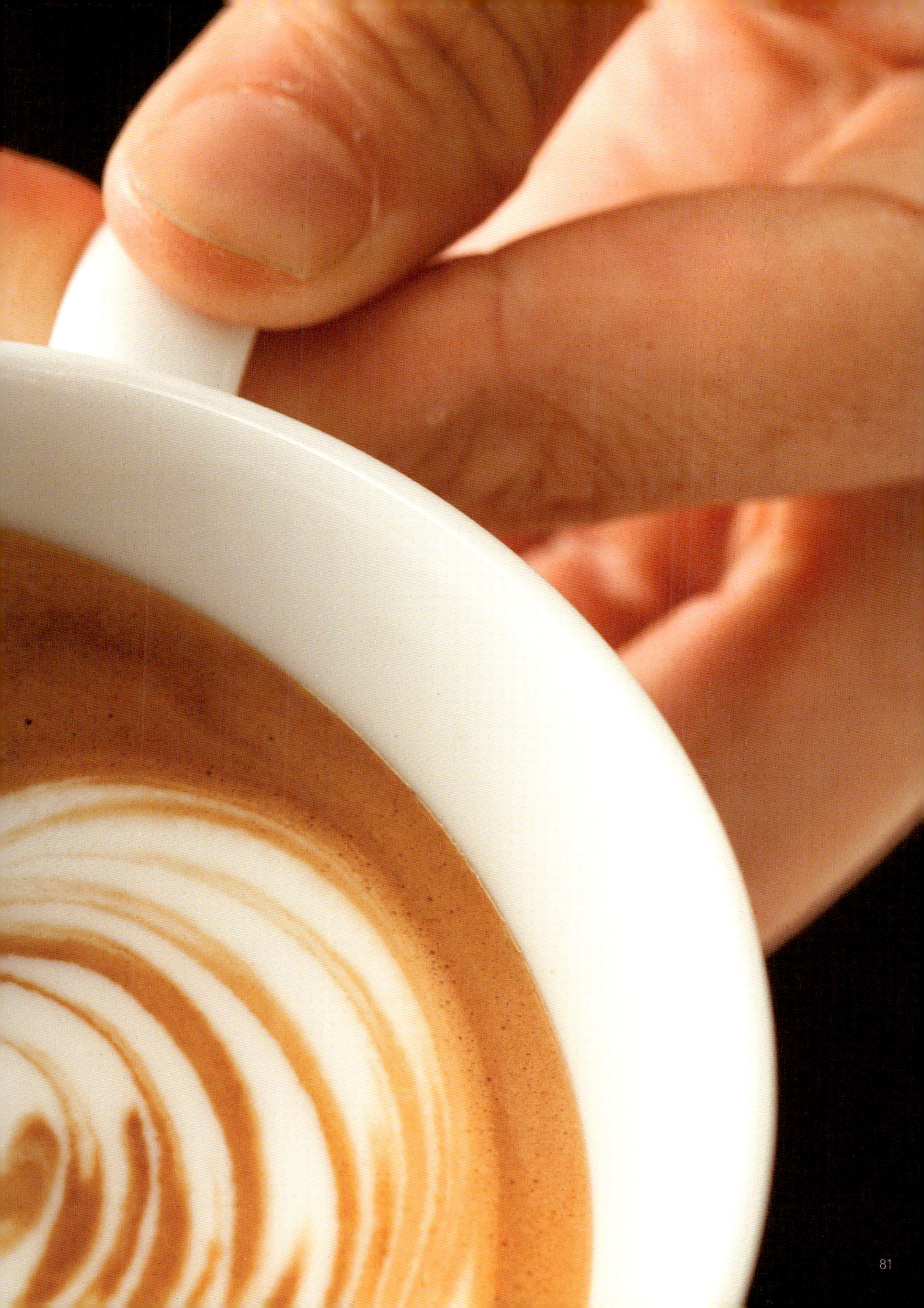

バリスタトレーニングとは文字通り、バリスタの新規育成や、バリスタをより成長させるために行う教育訓練のことです。

　教育やトレーニングの仕事というのは本当にすばらしいもので、私が自分の職業名・職位名に冠するほど愛してやまない仕事です。その理由は、教育により相互成長で得られるものの大きさにあります。

　トレーニングによって、教わる側のバリスタは新しい知識と技術、そして何より高い意識を持つようになり、お店や組織にとって今までと比較にならないほど大きな存在になります。そして教える側のトレーナーもまたしかり。人にものを教えるには、理論立った説明をするだけの知識、手本をやって見せるだけの技術、動機づけさせるだけの説得力などが必要であり、教えることにより教え手の能力も飛躍的に高まるからです。

　こうしたトレーニングですが、しっかり教育できなければ、費やした努力のすべてが無駄になるという事態も起こります。教育に費やすものは「時間」「お金」そして「労力」というとても大きな資産です。結果が出なければ、とても大きな無駄や損害を生むことになり兼ねません。

　では、どのようにすれば、トレーニングに費やす資産を有効に活用できるのでしょうか。それが本章の重要なテーマです。

　私が行っているバリスタトレーニングは大きく分けて次の4つの過程から成ります。

1. 計画を立てる・事前確認する
　　①ゴールを設定する
　　②ビジョンや方向性を明示する
　　③期間とスケジュールを決める
　　④環境を整える
　　⑤バリスタ本人の意思確認をする

2. トレーニングを開始する
　　①徹底した現場トレーニングを行う
　　②必要な知識を伝える
　　③要求水準を明示する
　　④修正・改善・注意を喚起する

3. 進捗状況の確認〜トレーニング終了
　　①進み具合を確認する
　　②新しい課題を与える

4. トレーニング終了後
　　①クロストレーニング
　　②外部研修、情報収集
　　③フォローアップ

# 1. 計画を立てる　事前確認する

　この「計画・事前確認」は、トレーニングを有効に進めるために非常に重要なことです。

## ①ゴールを設定する

　トレーニングを受ける以上は到達目標があるはずです。「クオリティの高いエスプレッソを抽出し、きめの細かいミルクをスチームし、お店の品質基準に見合うカプチーノを提供できること」が到達目標だとします。このように、まずはゴールを具体的に設定すること、そしてバリスタとトレーナーがゴールを共有することが大切です。つまり「同じ目標に向かう」のです。

## ②ビジョンや方向性を明示する

　トレーニングを受けるバリスタが目指すところは、各々の置かれている環境や立場によって異なります。「当店は高品質コーヒーを売りにした専門店。だからこそクオリティの高いエスプレッソ・カプチーノが何より重要」というコーヒー専門店もあれば、「当店はオーダーのほとんどがエスプレッソドリンクで、かつ駅前立地なのでたくさんのオーダーが連続して入る。だからお客様を待たせることなく提供できるスピードが大事」という駅前のカフェもあります。この場合、目指すところは必然的に変わってきます。ゴール＝具体的な目標であるのに対し、ビジョンや方向性とは将来に向けた見通しやそのイメージです。トレーナーが、そのバリスタの目指すべきゴールを具体的に示すことで、バリスタは将来像をイメージできるようになります。

## ③期間とスケジュールを決める

　これはトレーニング終了の期日を設定することで、そのトレーニングに残された時間をバリスタとトレーナーが共有することが目的です。
　トレーニングは時間をかければいいというものではありません。「〇月〇日までに、ここまでできるようになろう！」という期日を明確にすることで、時間的な目的意識をはっきりさせ、生産性の高いトレーニングを行うことができます。

## ④環境を整える

　トレーニングを受けるにあたっては事前にさまざまな準備・確認が必要になります。計量機器など機材の準備、コーヒー豆やミルクなどの食材の準備、また勤務店でのシフトの確認・調整などです。これらを怠ると、トレーニングの時間を有効に使えません。その日に行うトレーニングの内容を事前に決め、そのために必要なものをすべて整えておくことが、トレーニングの時間をスムーズで充実したものにします。

トレーニングは事前準備が大切。写真は愛知県の自家焙煎コーヒー店『珈琲通 豆蔵』さんへのトレーニング風景。トレーナーである筆者（左から2人目）からトレーニング対象のメンバーへ、その日に行うプログラムや到達目標を確認している様子。

## ⑤バリスタ本人の意思確認をする

　先ほどもお話したように、トレーニングには大きな資産を費やします。ですから始める前にはバリスタ本人の意思確認をしっかり行うことです。「自分はまだまだそんな段階ではありません」「実はもうすぐ辞めようと思っています」などといわれたら、トレーニングをやる以前の問題になってしまいます。
　意思確認は、バリスタ本人の意気込みや決意を改めて引き出すだけではありません。トレーナー自身も「バリスタの意思を確認できた以上はしっかりやらなければいけない」という気持ちを再確認することができるでしょう。

　以上がトレーニングの計画・準備段階で必要なことです。
　目的意識をはっきりさせ、期日を設定し、抜けのない準備をする。このステップがあってこその有効なトレーニングであることを忘れないでください。

# 2.トレーニングを開始する

## ①徹底した現場トレーニングを行う

### 体感させる

　現場でのトレーニングの重要なポイントは、まず「体感させる」ことです。

　たとえばエスプレッソについて教える場合、バリスタにいきなりドーシングをさせるような場面をしばしば見かけますが、正しい順序は、まずトレーナーが手本を見せること。トレーナーが完成品のドリンクを作って見せ、それを飲ませることで、バリスタに到達目標を五感でイメージさせます。そしてバリスタがイメージできたら、実際にやらせてみるのです。

　「やってみせ　言って聞かせて　させて見せ　ほめてやらねば　人は動かじ」

　これは山本五十六という海軍大将の言葉で、「手本を示し、よく説明し、やらせてみて、少しでもいい点を見つけてほめてあげなければならない」という意を表しています。人を教え育てるための教訓であり、私のバリスタトレーニングの信条ともいえるものです。

### 至近距離教育

　トレーニングはバリスタから離れず至近距離で行います。これはバリスタの一挙手一投足を見逃さず、本来あるべき理想の動作と、今行われている動作の細かな相違点をその都度指摘するためです。誤った動作や行為を見逃すと、バリスタはそれに気付かず、その動作を修得してしまいます。ですから誤った点はその都度指摘し、正しい方向に導く。そのためにも至近距離で教育することが大切なのです。

手前は筆者、奥はトレーニングを受ける「珈琲通 豆蔵」の佐々木里紗バリスタ。教育の初期段階で間違いを修正しなければ、誤った方法や手段を覚えてしまい、それを正すのにさらなる労力が必要となる。トレーニングは離れて傍観するのではなく、至近距離で観察し、問題点はその場でしっかり指摘・修正する。

## スピードや生産性を意識させる

　教育の初期段階では「ゆっくりでいいから正確に」が重視されがちです。もちろん正確性も必要ですが、それと同じくらい「スピーディーな動きで高い生産性をつくり出す」ことも重要です。これはあらゆる動作を早くという意味ではありません。正確性が要求される部分は慎重に、そうでない部分はスピーディーに無駄なく行います。

　たとえばエスプレッソのオーダーが入ります。バリスタはマシンの前に移動するわけですが、ここは正確性が問われないので、ばたつかない程度に小走りで素早く移動するよう意識させます。次にポルタフィルターを外して拭く動作ですが、これも慎重にやる必要はさほどないので、素早く外し、素早く拭き上げます。次にドーシングですが、ここは正確性があらゆる意味で問われるので、慣れるまでは慎重にコーヒー粉の量や落ちる角度などを確認させます。

　このように、動作には正確性の要求されるレベルに違いがあり、それに応じてスピードアップできる箇所はいくつもあります。

　個人差はありますが、エスプレッソを提供するまでの過程には12〜15もの動作があります。そのうち7つほどの動作は高い正確性を必要とせず、スピードアップが容易な項目（※）です。ここで1動作あたり2秒短縮できれば14秒の短縮になり、これが100杯のオーダーが入る店なら1400秒、つまり23分以上の生産性の向上につながるわけです。

　エスプレッソだけでもこの短縮なので、さらに動作の多いカプチーノなら、格段に生産性を上げることができます。生産性が上がると、バリスタに余裕ができるため、より良いサービスが可能になり、さらにいえば、少ない人数でお客様の対応ができるので人件費も圧縮できます。

※マシンの前に移動する、ポルタフィルターを外す、ポルタフィルターを拭いて水気・汚れを取る、フラッシュをする、グラインダーの前に移動する、フィルターに付着した粉をきれいに落とす、抽出ボタンを押す。

## ②必要な知識を伝える

### 基礎知識を教える

　現場教育を補完し、よりスムーズなものにするには、基礎知識の教育が欠かせません。たとえばエスプレッソの学習なら、それがどういう飲み物で、どのような起源を経て今あるのか、どのくらいの量の粉を使えばいいのか、それは何ccくらいの飲み物か、どんな状態で抽出されるのが理想的か、など。その物事の背景を含めた基礎知識を教えると、理解が深まるとともに関心も沸きます。

### 数字を使い定量的な説明をする

　教える内容は可能な限り数字で示します。たとえば、液体は30cc、ドーシング量は約20g、抽出は±3秒以内の誤差で行う、など。「約」「およそ」でも構わないので、基準値を示します。経験の浅いバリスタであれば、個人で練習する際、その基準に沿って練習することもできます。プロでも〝このコーヒーはフレーバーが7.5点だ」「焙煎は13分で212℃」などと定量的に表現するのは当然のことなのです。

　日頃から数字で理論立てて考えさせること、そうすれば抽象的ではない議論も可能になり、自ずとレベルアップにつながります。

### 何事も理由づけをする

　人にものを教える上でもう一つ重要なことに、理由づけがあります。「こうしろといわれたからやっている」。バリスタがこのような認識では、教わった内容を徹底することは無理でしょう。

　すべての動作や行為には理由があります。なぜそうしないといけないのか、その理由をしっかりと説明します。

　たとえば、なぜポルタフィルターはドーシング前にきれいに拭かなければいけないのか。それは「濡れていると、お湯が粉の中を通る際に、濡れている部分に集中的にお湯が流れていく可能性が高まるから」です。

　こうした理由づけを一つひとつの動作において説明することで、バリスタの理解は深まり、正しいルールのもとで練習するようになります。

## ③要求水準を明示する

　要求水準とは、お店あるいは会社として顧客に提供できる品質のレベルのこと。それを明確に伝えることが「要求水準の明示」です。
　たとえばカプチーノなら、コントラストはどこまでその差があるべきか、アートの出来映えはどのレベルなら提供してよいか、ミルクフォームはどのくらいきめ細かくなくてはいけないか、どのくらいの時間で作らなければいけないか、提供温度や味の基準は…など。これらを明確に示すことで、新しいスタッフが増えても店舗自体のクオリティは落とさないようコントロールすることができます。

「要求水準の明示」は商品のクオリティはもとより、接客サービスのレベル、清掃の出来具合に至るまで、あらゆる面で必要になる。写真は、バリスタの作ったカプチーノをチェックしているところ。ミルクフォームの厚みときめ細かさは、ドリンクを飲んだ時の触感などさまざまな点に影響するため、しっかり要求水準を示す必要がある。

## ④修正・改善・注意を喚起する

　これは至近距離教育とも通じる話ですが、何か問題があった場合はすぐに注意し、改善を促します。
　教育においてありがちなことに、「最初はこれくらいできればいい」という妥協があります。バリスタが誤った行動をとった時には即時に注意し、修正することで、間違った知識や技術を身につけさせないようにします。

# 3. 進捗状況の確認
## ～トレーニング終了

## ①進み具合を確認する

　バリスタトレーニングを始める第一段階として「いつまでに、どのレベルまで到達するかの計画」を事前に立てました。その計画どおりに進んでいるかを確認します。当初の想定より早く進んでいれば前倒しで進め、遅れている場合は計画の変更を行います。

## ②新しい課題を与える

　あるトレーニングが終わりを迎える頃、バリスタに新しい課題を与えてみるといいでしょう。次に行うトレーニングの内容を先に伝えておけば、バリスタは事前に予習しておくことができます。「次にはカプチーノをやります」「この本を読んでおくといいよ」などと伝えておくことで、次のスタートラインがグッと前に進みます。

# 4. トレーニング終了後

## ①クロストレーニング

　トレーニングが終了したら、クロストレーニングを意識してみましょう。クロストレーニングとはスポーツ用語で「自分の専門外のトレーニングを意識的に行う」ことを指します。
　バリスタはお店でエスプレッソマシンを使って、ただコーヒーを淹れていればよいわけではありません。コーヒーに詳しくならなければいけませんし、勤務するお店の形態によってはさまざまな知識を修得しなければならないでしょう。現在受けているトレーニング以外に、それに関連する他の項目を勉強することで、知識や経験に広がりが出ます。
　たとえば、エスプレッソのトレーニングと合わせてカッピングを習ってみると、その素材がもたらす味わいやエスプレッソでは感じ得なかった細かな傾向に気がつくでしょう。エスプレッソは特徴的なフレーバーが強く出ますが、カッピングではそれ以上に、素材の持つ繊細な面を感じることができ、そこからエスプレッソ抽出に活かす大きなヒントを得ることもできます。

エスプレッソのトレーニングと合わせてカッピングを習うことは効果がある。経験のあるロースターやカップテイスターにしかわからない、その素材が持つ味わい、背景などを聞き、その知識をエスプレッソ抽出にも活かせるからだ。

## ②外部研修、情報収集

①のクロストレーニングを促進するものに「外部研修」や「情報収集」があります。情報化社会の現代では、本を買って調べたり、ネットで検索したり、またネット上の動画などでも学習できることはたくさんあります。それは不足した知識を補うために日々行っていくとよいでしょう。

また、知りたい分野の研修やセミナーに参加してみることも、バリスタのみなさんの"世界"を広げることに役立つでしょう。先ほど例にあげたカッピングなども、本やネットの知識を真似ただけでは身につきません。やはり経験のあるロースターやカップテイスターと一緒に行い、味と知識のすり合わせを行うことで、レベルの高い学習にしていくことができます。

接客サービスについても、筋のいい人なら、わざわざ習わなくても身につくものと思いがちですが、実際はそうではありません。上質なサービスを研究したプロというものが存在し、その研修を受けることで、「サービスによる差別化」を図ることもできます。

このような自店自社ではなかなか身につけられないことを強化してくれるのが外部研修や情報収集です。

## ③フォローアップ

フォローアップとは、ある事柄を徹底させるために、達成状況や進捗状況、結果などを検証・分析し、さらなる指示や修正、アドバイスを行うことをいいます。

たとえば、エスプレッソトレーニングを終えたら、定期的にエスプレッソの味や抽出技術などをチェックし、不足している部分やできていないポイントについては再度トレーニングを行います。

トレーニングは一度教えたら完了ではありません。「教えっぱなしにしない」ことが大切です。

経験のあるバリスタであってもフォローアップは必要だ。経験は、レベルアップとともに、そのバリスタのクセや、独自の考え方を生み出す。それが本当に正しいのか、お店や組織やトレーナーの考えと合っているのかを定期的に確認し、不足した部分を補わなければならない。写真は『珈琲通 豆蔵』のメンバーと筆者。以前にトレーニングした点をフォローアップしているところ。

## バリスタトレーナーに求められるキーポイント

　最後に、バリスタトレーニングでトレーナーが絶対に忘れてはいけない2つのポイントをお話します。1つは「トレーニングの出来はトレーナーの準備で8割以上が決まる」ということ。もう1つは「自分の頭でしっかり整理できていないことを、人に教えることはできない」ということです。

　トレーナーがしっかりと綿密な事前準備をし、頭の中もきちんと整理されていることこそ、最高のトレーニングにおいては必要なのです。

　普段何気なくやっている行為をわかりやすくバリスタに教えるためには、あらゆる記憶を呼びおこし、整理して体系化しなくてになりません。それをバリスタがわかるような言葉に置き換える（変換作業をする）ことで、初めて理解してもらえるのです。

　教えることは教え手にとって「知識の棚卸し作業」であり、教わる側にとっては「新しい知識や技術の吸収」です。

　日本にすばらしいバリスタが増え、一般のお客様が良いコーヒーを楽しめる時間や場所が増える──。そんな未来は、しっかりとしたトレーニングの向こうに待っていると思います。

# Chapter 8
# Barista Championship

バリスタチャンピオンシップ

バリスタの世界一を決める大会、バリスタチャンピオンシップ。
それはどのような大会で、何を目的としているのか。
バリスタが大会に参加する意義とは？
その他、競技で提供する
シグネチャービバレッジについても解説します。

# WORLD BARISTA CHAMPIONSHIP

## Vienna, Austria
## June 12-15, 2012

World Coffee Events

FIRST PL

# バリスタチャンピオンシップ とは何か

## 大会のルールと流れ

　バリスタチャンピオンシップは世界最大のバリスタ競技会で、50か国以上が参加して毎年開かれています。この大会は品質や味、バリスタを評価するにあたり世界で最も進んだ大会といえます。この世界大会をWorld Barista Championship（WBC）といい、そのための日本予選をJapan Barista Championship（JBC）といいます。

　競技はエスプレッソ・カプチーノ・シグネチャービバレッジ（エスプレッソを使ったバリスタ独自のドリンク）を各4杯、合計12杯を15分の間にジャッジへ提供し、その味や品質、競技者であるバリスタの技術やサービス、そしてスペシャルティコーヒーへの知識やその情熱などを評価し、スコア付けするというものです。競技の内容やルールの詳細は日本スペシャルティコーヒー協会（SCAJ）のホームページや、競技を収録したDVDで確認できます。

　この大会には、バリスタとしての成長を促すさまざまなポイントが評価に含まれています。「使用するコーヒーの品質や傾向を見極めて使用しているか」という品質への理解。「コーヒーをエスプレッソとして高い品質で出し続けることができるか」という一貫性のある抽出技術。「コーヒーを通して伝えたいことを制限時間内に表現した上で規定の競技を終える」という技術に関連したスピード・動き。「新しいもの、発想などを感じさせたか」というインスピレーション。「スペシャルティコーヒーを伝える強さや想いと、その表現力」、つまりプレゼンテーション能力やパッション（情熱）。さらにホスピタリティや人間力なども総合し、「バリスタとして"モデル"となるような存在か」という重要な部分も問いかけています。これだけのことが数多くのスコア項目となって、経験あるジャッジに評価され、ランク付けされる。バリスタにとってこれほど成長できる場はありません。

競技では15分という制限時間の中で多くのドリンクを品質よく提供し、コーヒーに対する情熱や知識をしっかり伝えなければならない。©Amanda Wilson

## WBCの設立

そもそもWBCという大会はなぜできたのでしょうか。

創立は2000年。WBCという組織はもともとSCAA（米国スペシャルティコーヒー協会）とSCAE（ヨーロッパスペシャルティコーヒー協会）が共同で作った組織です。スペシャルティコーヒーの啓蒙と普及を目的におきながら、バリスタという職業の社会的地位の向上を主眼においています。WBC設立の経緯や生い立ちについては、WBCのヘッドジャッジやジャッジ認定委員会委員長も務めたJustin Metcalf 氏に話を聞きましたので、P.104からのコラムをご覧ください。

## 大会の発展

WBCが2000年にスタートした時は、たった12名の各国チャンピオンによる戦いでした。それが2012年のWBCでは、50か国以上が出場する大会となっており、年々、各国のバリスタやコーヒー関係者たちにとって重要な大会となりつつあり、競技人口も増加しています。

その他にもさまざまな面で移り変わりがありますが、とりわけ顕著なのがチャンピオンや上位入賞者の輩出国です。大会を開始した当初はデンマークなどの北欧勢が圧倒的に強く、各国はその牙城を崩すことができませんでした。それが2007年の東京大会でJames Hoffmann（イギリス）が優勝したのを機に、イギリス、アイルランド、アメリカなどが続々と上位進出を果たすことになります。そして2010年のロンドン大会で事態にまた様変わりします。この年、グアテマラ、ホンジュラス、ブラジル、メキシコなど産地から出場したバリスタが数多く上位入賞を果たし、ついに大会開催以来初めて、エルサルバドルのAlejandro Mendezが産地出身でチャンピオンになりました。最新の大会であるWBC2012でもグアテマラのRaul Rodasがチャンピオンになり、2年連続、産地出身者の優勝が続き、来年度以降の動向が注目されています。

# 大会に携わる、出場する

選手でもジャッジでもボランティアでもOKです。もしこの大会に興味があるなら、参加にあたり私からいくつかのアドバイスがあります。

## 大会に携わる

大会に興味があるので観戦したい、大会に出場して自分の実力を確かめたい、大会を盛り上げるスタッフあるいはジャッジとして参加したい…、どんな理由でも構いません。この大会のことが少しでも気になるなら、あなた自身がまず大会に関わってみることをおすすめします。「自分はバリスタとして未熟だ」「コーヒーは大好きだけどコーヒーの仕事には従事していない」、そんな心配よりも、まず大会に触れることが第一です。関わることで、この大会のことが少しでもわかります。「普段の実力を試したい」「何はともあれ出場してみたい」、そんな理由でも構いません。

しかしながら出場するからには、もう1歩踏み込んで理解してほしいことがあります。

## 大会について理解する

「大会でしっかり結果を残したい」と大きな目標を掲げて出場する場合、ルールやスコアシートを読み、大会が求めるものを把握するのは必須事項です。ふだんのオペレーションとは異なる内容もあると思いますし、そこには競技に出場する上で大事なことがたくさん書かれているからです。

私はその中の「審査員（ジャッジ）」の項目を熟読するよう推奨します。ジャッジがどういった基準で評価し、バリスタに何を求め、どのような方法で審査しているかを理解することはとても大切です。

この大会のすばらしい点は「ルールを理解し、スコアシートの項目を追求することが、バリスタの成長に直結する」ところにあると思います。

15分内に競技を終えるためにはスピードを追求し、効率の良い作業を練習するでしょう。味や品質を追求し、原材料のことを調べる必要が生じます。豆の焙煎度合い、エイジング期間について研究もするでしょう。最良の抽出には何gの豆が必要か、また良い豆があっても技術がないといけませんからドーシングやタンピングの練習も重ねるでしょう。使用する豆についてしっかりプレゼンするために、ロースターやバイヤーと話をしたり、インターネットで調べることもあるでしょう。

このように、大会に出場するためにはさまざまな勉強・研究をし、技術を見直し、もっともっとコーヒーとエスプレッソに深く携わる必要が出てくるのです。このことはバリスタのレベルを格段に向上させます。

時には仲間をジャッジに見立ててプレゼンテーションの練習をする。表現したいことが伝わっているか、その技術や所作を客観的にチェックする。

## 評価を受けることの重要性

　バリスタとして出場した場合、あなたの手元には、順位が記載され一つひとつの項目を評価したスコアシートが返ってきます。このスコアシートでの評価は大変貴重なものです。

　まず評価をしたジャッジ陣は、世界50か国以上が参加する厳正な統一基準をクリアしたワールドジャッジの指導のもと、審査を行っています。こうした「世界基準の評価」において、あなたのドリンク、そして姿勢や情熱、技術などがスコア付けされたと理解してください。JBCなら160人という競技者の中であなたの競技内容がどうだったかを客観的な評価として下しているのです。そこで高く評価されるということは、世界基準のバリスタやコーヒーに一歩近づくことだといえます。

　バリスタチャンピオンシップは競技であり、それには決められたルールがあります。たとえあなたの評価が厳しいものだったとしても、素直に受け入れてみることが大切です。世界基準の評価を受け入れ、自己の修正・理解に励んでください。自分のやり方に大きな修正を試みるのは大変なことかもしれませんが、そのことはバリスタとしてのあなたやあなたのコーヒーに大きな成長と進化をもたらすでしょう。

WBCの世界大会で審査をするジャッジたち。©Amanda Wilson

## 感謝の気持ちを忘れずに

　この大会がいかにバリスタやコーヒーに携わるみなさんにとってすばらしいものか、おわかりいただけたと思います。

　大会は多くのジャッジ、運営関係者とボランティア、また資金面でそれを支えるスポンサーで成り立っています。どんな立場であれ大会に参加する以上は、これらすべての人々に感謝の気持ちを忘れないでください。

　あなたのバリスタライフ、コーヒーライフにとって、バリスタチャンピオンシップが重要な存在となっていき、バリスタの存在が日本のコーヒーをより良くしていくことを切に願っています。

WBC2012の授賞式で、タンパーを模したトロフィーを手にするファイナリストたち。©Amanda Wilson

# シグネチャービバレッジ

## シグネチャービバレッジとは何か

　シグネチャービバレッジは、バリスタチャンピオンシップでジャッジに提供することが義務付けられている、エスプレッソ・カプチーノに並ぶ1つのカテゴリードリンクです。

　このドリンクは、エスプレッソ以外にさまざまな液体や食材を使うことが許されています。ルール上は1杯のシグネチャービバレッジに、最低1ショットのエスプレッソを使わなければいけません。そして「エスプレッソの味わいをしっかり感じる」こと、また「エスプレッソと使用した食材との相乗効果」も大切だとされています。禁止事項として、アルコールやドラッグの類は使用が許されていません。そしてあくまでドリンクなので「飲む」という行為が前提であり、噛むという行為が必要なものは認められていません。

　こうして書くと「シグネチャービバレッジとは、エスプレッソを使ったアレンジドリンクなんだ」という単純な認識に留まる方もいるでしょう。しかし実際のシグネチャービバレッジはもっと奥が深いものです。

　シグニチャービバレッジは英語で「Signature Beverage」と書きます。このSignatureとは「署名」や「サイン」の意味で、Beverageは飲料のことを指します。欧米では署名やサインによって重要な契約やお金の引き出しができる——そこからもわかるように、Signatureは「固有の」「その人の」という意味を表しています。つまりシグネチャービバレッジとは、そのバリスタ固有のエスプレッソドリンクということになります。そのバリスタでなければ生み出せないもの、また「なぜそのコーヒーを使わなければいけないのか」や、その独自性・独創性が大切なドリンクなのです。

　私がこの仕事を始めた頃、WBC創設時からジャッジをされている方に聞いたことがあります。

　「シグネチャービバレッジとは、どういうドリンクなんですか？　何が大切ですか？」

　「シグネチャービバレッジに重要なのは"テーマ"と"コーヒーへの意識"です。使用するコーヒーのテーマ、そしてエスプレッソ・カプチーノ・シグネチャーという3つのドリンクに通じる一貫したテーマ、そのテーマと使用食材との関連性、これらがすべて1つのテーマでつながっていること、そしてコーヒーへの意識を強く持っていることが大切です」

　このように、シグネチャービバレッジは深いテーマ性も重要視しています。

　そしてもう1つ、シグネチャービバレッジに重要なのが「コーヒーへのフォーカス」(P.17)です。

WBCはSCAA（米国スペシャルティコーヒー協会）とSCAE（ヨーロッパスペシャルティコーヒー協会）の共同出資によってできた大会です。つまりこれはスペシャルティコーヒーの大会であり、バリスタは"スペシャルティコーヒーを広める親善大使"になることを求められています。ということは、コーヒーへのフォーカスなくしてこの大会を語ることはできず、そして当然、シグネチャービバレッジにもそのことは当てはまるのです。

シグネチャービバレッジとはつまり、
- そのバリスタ、そのコーヒーに固有の独自性や独創性がある。
- 3つのカテゴリードリンクに一貫したテーマがある。
- コーヒーにしっかりとフォーカスしている。
- WBCで決められたルールに沿って作られたドリンクである。

ということになります。

シグネチャービバレッジは「量が少なすぎる」とか「店では売り物にならない」などと揶揄されることもあります。しかしこのドリンクは店で販売することを第1の目的にはしていないのです。上記にあげたようなコーヒーのテーマ性、そのコーヒーの良さを引き出す技術、そしてそれを表現できるだけのプレゼンテーション能力、創造性などを追求しているドリンクがシグネチャービバレッジであり、決してエスプレッソのアレンジドリンクではありません。

トップバリスタが集まる競技会のセミファイナル（準決勝）やファイナル（決勝）では、エスプレッソやカプチーノのレベルに大きな差はないと私は思います。一様に良質なコーヒーが使われていますし、技術も多くの競技者の中から選ばれた上位者だけあって非常に高いレベルです。

シグネチャービバレッジは、そんな拮抗しているバリスタたちにコーヒーへの強いフォーカスを促し、トップクラスの中の真のトップバリスタを見つける、重要な役割を果たしているのです。

1,2 WBC2012でシグネチャービバレッジを作る、日本代表の鈴木樹バリスタ。エスプレッソの味を最大限に引き立たせる食材との融合や、新しい革新的な技術や道具、作り方などもポイントになる。エスプレッソを使ったドリンクとしての主張が重要だ。

3,4 バリスタは一定のルールの範囲内で、さまざまな器具を使用することができ、それが表現の大きな助けとなることもある。

©Amanda Wilson

## エスプレッソの味

　シグネチャービバレッジは「エスプレッソドリンクであること」が大前提です。いろいろ混ぜ合わせてしまった結果、あるいは何か強い成分を合わせた結果、エスプレッソの味が薄まってしまう、あるいはコーヒーの元々の素材感を感じなくなってしまう、これでは意味がありません。あくまでエスプレッソの味をしっかり感じる飲み物でなくてはいけません。

## 「なぜなのか」の説明

　シグネチャービバレッジは自由度が高いため、バリスタには多くの説明が必要とされます。説明とは、どんな食材を使用するのか、それをどうやって使うのか、それによりどのような味わいを感じるのか、つまり「何を使って、何をする」という基本的な内容についての解説です。

　そして、もっと大事なことに「なぜなのか」という理由の解説があります。たとえば「長野県産のぶどう、ロザリオ・ビアンコをすりつぶし、その果汁を使用します」という説明をしたとします。これだけでは、その食材の名称と状態を話しているに過ぎません。「私が使用するコーヒーと、このロザリオ・ビアンコは同じ標高、降雨量で、似た生育環境で作られており、このコーヒーの良質なぶどうのようなフレーバーを、このロザリオ・ビアンコがより豊かな味わいに変えてくれる…」というように、その食材を使用した理由と、使用するコーヒーとの強い関連性を説明する必要があるのです。

## コーヒーと食材との強い関連性

　シグネチャービバレッジで使われる食材については、使用するコーヒーの産地で収穫される食材を使う、あるいはそのコーヒーが持つフレーバーと同じようなフルーツを使う、などは最も多く見かけるパターンです。

　しかし私が考える「コーヒーへのフォーカス」とは、もっともっと深いものです。このシグネチャーでなければいけない理由、この提供方法でなければいけない理由、そして、この食材との掛け合わせでなければいけない理由…と、あらゆる点からコーヒーにフォーカスしていくことが大切だと考えています。

WBC2011でプレゼンテーションする鈴木バリスタ。自身の使用するコスタリカ・シンリミテスをエスプレッソ→カプチーノ→シグネチャーで提供し、さらにシグネチャーで独自の演出をして酸の変化を表現。1つの素材の酸だけに強くフォーカスして3つのカテゴリードリンクで1つのストーリーを作った。
©Amanda Wilson

## 3つのカテゴリードリンクで1つのストーリーを形成する

　バリスタチャンピオンシップではエスプレッソ、カプチーノ、シグニチャービバレッジという3つのドリンクが強い関連性を持っていることがとても重要です。つまり「3つのドリンクによって1つのストーリーができあがるようにする」のです。それぞれ単体で提供するよりも強い力を感じさせなければいけません。1＋1＋1＝3ではなく、それ以上のものにするのです。

エスプレッソ

カプチーノ　　　　　シグネチャー

　エスプレッソ、カプチーノ、シグニチャーがそれぞれ単体で高い評価を得ることはもちろんだが、この3つのカテゴリードリンクが密接に関連していることも非常に重要である。

## 外観への気遣い

　ドリンクは液体だけがすべての構成要素ではありません。器や飾り付けによっても印象は変わってきます。グラスが美しければさらにおいしく感じることもあります。グラス選びは「どう飲んでもらいたいか」「何を感じてほしいか」「どんな体験をさせたいか」というバリスタの想いを最大限伝える手助けにもなるはずです。

## オリジナリティの追求

　ジャッジはかつてない体験や、驚き・感動の体験を待っています。そこでバリスタにとって大事なことは"オリジナリティ"であり、どこかで見たようなドリンク、ありふれたドリンクでは彼らをワクワクさせることはできません。

　コーヒーを深く知るバリスタだからこそ作れる、コーヒーの枠を超えたすばらしいドリンク、それがシグネチャービバレッジです。今後もすばらしいシグネチャーが登場することを楽しみに、大会を見守りたいと思います。

※ SCAJ Webサイト「Japan Barista Championship OFFICIAL RULES AND REGULATIONS」を記事の一部で参考にさせていただきました。

©Amanda Wilson

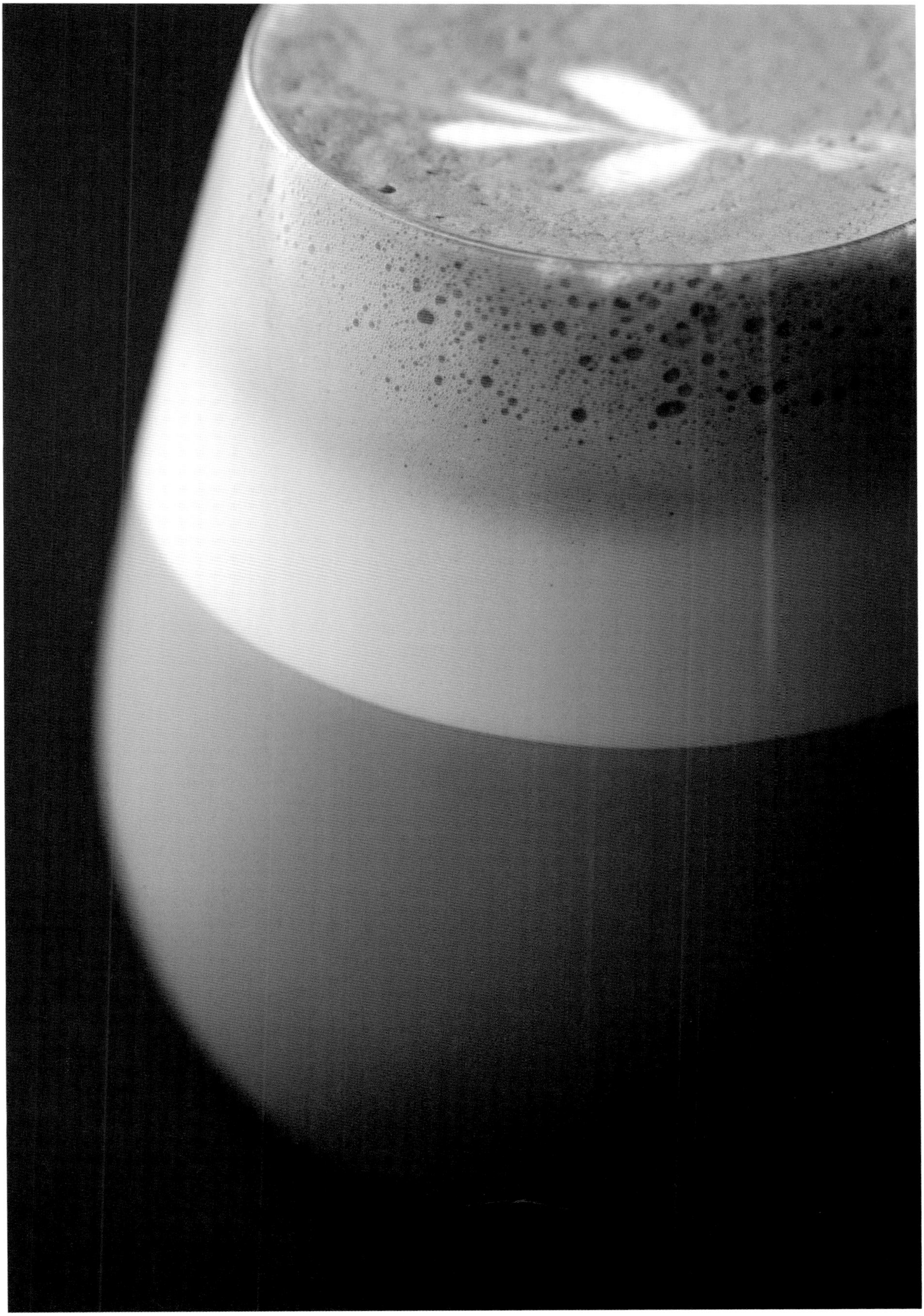

# World Barista Championshipは
# どのようにして設立されたのか

## Justin Metcalf

　World Barista Championship（以下WBC）の先駆的なイベントは、もとをたどれば1998年に初めて開催されたノルウェーバリスタチャンピオンシップでした。

　ヨーロッパにAlf Kramerという人物がいました。彼は、料理のシェフたちが腕を競い合う大会のように、我々もバリスタの競技会を開催すべきだという考えを持っていました。

　スペシャルティコーヒーの考え方を世界中に広めたり、またバリスタの職業性を向上させるために、私たちにはマーケティングツールが必要だったのです。また、スペシャルティコーヒーと、工業用の大量生産向けコーヒーとは違うということを認識させるためには、PR活動やメディアの注目を集めることも、当時は必要課題でした。

　そこで、Solberg&Hansenというコーヒー会社の代表であるWilly HansenやArvid SkovliとTone Liavaagは、Alf Kramerと共に初のバリスタチャンピオンシップをノルウェーで開催することにしたのです。このチャンピオンシップは一応成功したのですが、初回だったこともあり、たくさんの失敗もありました。

　このチャンピオンシップを開催したことによって、その後の競技のあるべき姿や、どういう競技会にすべきかを学ぶことができました。そして、私（Justin氏）がルール＆レギュレーションを書き直し、新しいスコアシートを作成し、また、バリスタのトレーニングのやり方を再度見直すことになったのです。

　これとまさに同時期の1998年にヨーロッパのスペシャルティコーヒー協会（SCAE）が設立され、Alf KramerがSCAEの初代会長となりました。そしてSCAEが2000年に初の展示会を開催するにあたり、Alf KramerはSCAE委員会にてWBCを開催するというアイデアを提起し、これを実行に移したのです。彼はTone Liavaagに大会の運営を依頼し、Toneはこれを承諾しました。

　世界大会の経験がない当時の私たちには、ノルウェー大会と大幅に違った形式にはできませんでした。この時もノルウェー大会と戦略は同じで、大会が注目されることが必要だったのですが、何とかこの大会は世間の注目を集めることに成功したといえる一定の成果をおさめました。

　この第1回大会では、すべての良い力が、世界各国からバリスタたちを招聘するよう働いたと思います。（この頃はまだWBCについての情報がなく、ほとんどの国で国内大会も開催されてはいなかったのです

が。）

　私たちは、その当時持っていた限りのコネクションを使って、WBC2000モンテカルロ大会を開催しました。SCAE委員会のメンバーが、それぞれの持っている世界中のコーヒー関係者とコンタクトを取り合い、12か国が参加してもらえるようこぎつけることができたのです。もし、このネットワークがなければ、最初のWBCを開催できていたかどうかもあやしかったでしょう。

　モナコ公国で開催されたWBCモンテカルロ大会の後、たくさんの良い相乗効果が現れ始めました。WBCの噂は数年間で世界中に広がり、たくさんの国々で国内大会が開催されるようになったのです。私を含む当時のメンバーは、さまざまな国で国内大会の開催の手助けをしてきました。

　SCAA（米国スペシャルティコーヒー協会）は、WBC2001の大会をマイアミで開催することを希望し、SCAEとSCAAの2つの委員会で合意に達しました。

　しかし、まだこの頃のWBCは幼児期のようなもので、多数の変更・修正を必要としていたのです。

　つづくWBC2002はノルウェー・オスロで開催することになり、この頃からWBCはよりプロフェッショナルな大会へと変革していきます。この大会でTone Liavaagは大会のフォーマットや物理的なセットアップなどを変更しました。それが今日のWBCでも使用されています。

　WBC2002の大会に向けて、新しいジャッジや、ジャッジ認定プログラムの導入と共に、主だったルール＆レギュレーションが再度見直されました。この時に導入されたほとんどのものは現在も同じように運用されていますが、当然、現在に至る10年ほどの間で変更・修正作業の繰り返しがなされた上に成り立っています。

　この2002年は私が国際ジャッジとしてのキャリアをスタートさせた年であると同時に、初めてTone Liavaagと出会った年でもあります。その後、私たちは良い関係性を築くことができ、2004年にイタリア・トリエステで公式にスタートしたジャッジ認定プログラムを開催するまでに至りました。そして前述したように、そのプログラムは現在でも当時と同じような形で運用されています。ですから私の個人的な意見としては、Tone LiavaagがWBC成功の陰の立役者であり、この世界的な価値あるイベントを作り上げるために、彼女が費やした努力と時間は本当に評価されるべきであると思っています。

　現在でもWBCにはその意思が受け継がれており、バリスタの職業性は確実に向上し、バリスタをプロの職業として認識させるまでに至っています。

　たとえば、もし12年前に"barista"という言葉をグーグルで検索したとしたら、"barrister"（法廷弁護士）という言葉しか出てこなかったこと

でしょう。

　昔は6〜8か国ほどしか大会をリードしている国はなかったのですが、今ではWBCのチャンピオンになるポテンシャルを持つ国が30〜40か国にまで増えてきています。特にコーヒー生産国での進歩・発展が著しいことは明らかでしょう。

　現在、WBCは、コーヒー生産国と消費国とを結ぶ架け橋としての大事な役割を担っているのです。

長きにわたってWBCに関わりヘッドジャッジやジャッジ認定委員会の委員長も務めたJustin Metcalf氏。オーストラリアのメルボルンを拠点に、コーヒー＆カフェコンサルタントとして活躍している。

# バリスタチャンピオンシップダイジェスト

JBC2010、WBC2011、JBC2011予選、
そしてWBC2012を観戦した著者が大会の模様を振り返る。

## JBC2010

2010年のJBCでは、私と同じく『丸山珈琲』に所属する鈴木樹バリスタが優勝しました。

大会への出場を決めた鈴木バリスタがまず主張したことは「コーヒーで審査員を楽しませたい」、そして「大好きなコスタリカ・シンリミテスで勝負したい」という強い想いでした。

コスタリカ・シンリミテスは、コスタリカの小規模生産者で、明るく澄んだような上質な酸に特徴があり、毎年すばらしいコーヒーを生産しています。彼女は『丸山珈琲』に入社当時、このコーヒーのおいしさに惚れ込んだものの、うまく抽出できず悩んでいたそうです。

「3年近く経った今なら、当時よりもしっかりシンリミテスを抽出できるはず」

何年もこの豆が好きでずっと見てきたからこそ、抽出にも妥協を許さなかった。そんな成果が1杯のカップに表現されたのだと思います。

そしてもう1つの彼女の課題である「コーヒーで審査員を楽しませたい」という想い。これを表現する方法が、練習開始当初はなかなか思い浮かびませんでした。

彼女のトレーナーでもある私は、悩んでいる彼女に違った角度から考えさせようと思い「シンリミテスとの出会いはどんな感じだったの?」と聞くと、「それがシンリミテスと知らずに1杯のコーヒーを飲んだら、すばらしい酸に驚いた。一瞬でこのコーヒーが好きになった」というので、「その体験をステージで審査員にも体験させてみたら」といったところ、熟慮した鈴木バリスタによって、産地や農園を明かさないブラインドテイスティングとなりました。最初に産地を明かさないことで「この豆は何だろう?」と想像するドキドキ感と、知りたいという欲求、知った時の驚きなどを共有しようと考えたのです。

彼女のシグネチャービバレッジはアイスアメリカーノでした。これも「余計な物を入れず、冷たいドリンクでシンリミテスの酸を楽しんでほしい」という彼女の想いから生まれたものです。

鈴木バリスタは製菓学校の出身で、食材にとても詳しいのですが、そんな彼女がシンプルなドリンクを提供する姿勢に「大きく変化を見せた選択」だと思いました。

抽出の技術やプレゼンテーションは、JBCでトップ16に入ったバリスタたちの間に大きな差はなかったように思います。しかし鈴木バリスタ

向かって左が鈴木樹バリスタ、右は前年チャンピオンの中原見英バリスタ。先輩バリスタたちの技術や取り組みが後輩に受け継がれていったことも『丸山珈琲』に連覇をもたらした。

細部までこだわって機材選びをした鈴木バリスタ。お客様としてそこに居るだけで強く惹かれるようなグラスや食器を選定していた。

は「このコーヒーでなければいけない」という流れや説明、そしてドリンクの内容に徹底的にこだわり、「せっかくおいしいコーヒーなのだから、楽しく飲んでほしい」という想いを、いかなる場面においても考え抜きました。その部分が、ほんの少しだけ高く評価されたのだと思います。

鈴木バリスタは日本で初めてシングルオリジン（単一農園豆）で優勝したバリスタにもなりました。単純にシングルだからいい、ということではありません。バリスタが1つの農園、1つの生産者のコーヒーを愛し続け、その味わい・姿勢を日本一と評価してもらえたことは、大変価値のあることだと思います。

# WBC2011

2011年6月、コロンビアの首都ボゴタで初めての産地開催によるWBCが行われ、初めてコーヒー生産国から世界チャンピオンが誕生しました。この記念すべきすばらしい大会に、日本からは代表で鈴木樹バリスタが出場し、見事予選突破を果たしてファイナリストとなり、5位という好成績を残したことは、日本のバリスタ界にとっても大きな出来事でした。

## 優勝者Alejandroの競技

この年のチャンピオンはエルサルバドルのAlejandro Mendez。彼の競技には圧倒されました。果肉がついたコーヒー豆や、コーヒーの花のドライフラワー、カスカラなどから煎じた飲み物をシグネチャードリンクとして提供することで、栽培のあらゆる行程をドリンクとして体感してもらうという生産国のバリスタでなければできないプレゼンテーションを披露し、エスプレッソの提供でも、漉して飲ませるという独自の理論と世界観を展開していました。話すこと、やること、そこにある物すべてがコーヒーと深く結びついており、コーヒーであふれかえっている印象です。

実は彼、『丸山珈琲』の中原見英バリスタが出場した2010年のWBCロンドン大会にも出ており、セミファイナル進出も果たしています。その時はスペイン語しか話していなかったのが、この年は英語も堪能になっており、技術も格段に向上していました。彼がその一年の間に遂げた進化を感じる競技でした。

©Amanda Wilson

Alejandroの使用した道具はコーヒーの苗やチェリーなどコーヒーにまつわるものであふれている。彼のエスプレッソは漉すことでクレマを取り除く、従来では考えられない手法だ。

©Amanda Wilson

## 鈴木樹バリスタの軌跡

　WBCはJBCの延長戦ではありません。ルールは同じですが、まったく異質な空気や緊張感があります。両者の違う点はいくつもありますが、大きなところでいうと、1つは言葉の問題。もう1つはその環境への慣れの問題でしょう。

　日本ではファイナルの常連でも、WBCの舞台に立てばほぼ無名。幾分かリラックスしているWBCになじみのバリスタたちとは違い、知名度がない日本チャンピオンは精神的に追い込まれたり、孤独感を抱いたりすることになります。

　しかし鈴木バリスタは努力と持ち前の明るさで、これを克服しました。語学については日本チャンピオン決定後に並々ならぬ努力をし、自分で簡単なインタビューに答えられるレベルにまでなりました。

　この大会で鈴木バリスタはファイナルに唯一残った女性バリスタとして注目を集め、競技ではコスタリカ・シンリミテスを使用し、3つの酸の変化におけるプレゼンテーションを見事に演じ、いつもの自分以上の力を出し切りました。得意なカプチーノは司会者からも賞賛され、シグネチャーを含む味の変化の説明はジャッジや観客の目を釘付けにしました。

　予選は11位とギリギリだったものの、準決勝は2位とすばらしいスコア、最終的には5位となりました。トロフィーを持つ彼女を見て、「鈴木バリスタは自分の競技をやりきった」と確信しました。

## WBC2011の総評

　非常にレベルが高く、興奮する競技が続いたこの大会。ファイナルに進出したトップ6は特にハイレベルで、誰が勝ってもおかしくないと思いました。

　では、何が6人の勝敗を分けたのか？　ジャッジからの説明を要約すると「Alejandroはコーヒーのことを立体的・構造的にプレゼンテーションした。まさに"From seed to cup"だった」。私も本当にその通りだと思いました。

　Alejandroは、自国で収穫されたコーヒーとそれにまつわるさまざまな素材を駆使し、コーヒーの魅力を独創的な方法で伝えました。

　では、コーヒーの生産国でもなく、身近にその様子を知ることもできない私たち日本人は何ができるのでしょうか？　ここに日本のバリスタが向かうべき大きなテーマがあると考えさせられました。

# JBC2011予選を観戦して

　2011年9月に開催されたJBC2011の予選が、その年の7月下旬から8月にかけて行われました。そのほぼ全日程を観戦し、まず「バリスタのレベルがとても上がった」と感じました。

　私がジャッジをしていた5〜6年前は、タイムオーバーにより失格する競技者がかなりの数にのぼり、コーヒーもどんな原料を使用していいのかわからず苦慮する様子がうかがえました。それがこの予選大会では、時間内に競技を終えたバリスタがほとんどで、オーバーしても数秒のレベルです。

　何より印象的だったのは、たとえばオークションものなど、高品質のコーヒーを使用しているバリスタが多かったことです。

　また、全体のレベルが上がると同時に「バリスタごとの明確な差を感じるようになった」ことも今回の特徴でした。

　JBCの大会は本来、15分間の競技の中でエスプレッソ・カプチーノ・シグネチャービバレッジを提供するのがルールです。しかし日本は参加人数が多いこともあり、予選では、10分間でエスプレッソとカプチーノだけを出すように短縮されています。時間が短くなり、ドリンクのカテゴリーも1つ減るわけです。エスプレッソやカプチーノという、見た目には特徴を出しづらいドリンクを作るので、実力の差がわかりづらくなっているのです。

　その中で私が感じた「明確な差」とは何か？　それは「10分間の時間の使い方」にあります。つまり「何を伝えるか」と「どのような手段で伝えるか」です。

　予選で私が好印象を受けたバリスタの多くは、自分の表現したいこと、伝えたいことが明確で、そのことのために10分間でいろいろな工夫をしていました。

　たとえば、シグネチャードリンクは予選において採点外ですが、あえてそれに該当するような別カテゴリーのドリンクを、わざわざ時間を使って出してみるバリスタが多数いました。

　他にも、エスプレッソやカプチーノを冷やしたり漉したりして提供し、形を変えて味わってもらうことで、より自分の主張したいことを強調しているバリスタもいました。

　彼らは変わったことをやろうとしているのではなく、「自分の伝えたいことを10分間で十分に伝えるにはどうしたらいいか」ということを熟慮した結果、このような手段に至ったのだと思います。

　そしてもう1つの明確な差は、準備やテーブルセッティングが、まるで15分間の競技をするかのようにしっかりと整っていたことです。

　エスプレッソやカプチーノを提供するだけなら、ピッチャー、ミルク、トレー、ダスターがあり、マシンの上にカップが揃えば足ります。ところ

が、レベルが高いという印象を受けたバリスタほど、準備は細心かつ綿密でした。

　メニューや写真などに始まり、チェリーの現物や、フレーバーを感じる食材のサンプル、はたまたフレンチプレスやエアロプレスとのペアリングなど、創意工夫があらゆる点に見られました。

　「どのようにすれば自分の伝えたい内容や想いがジャッジに伝わるか」。そのことを懸命に熟慮した結果が、その10分間にはつまっていました。

　良い素材を、良い状態のドリンクとして提供する。素材や味わいについて明確な説明を行うというプロセスはもちろん重要ですが、それだけでは足りなくなってきています。この当たり前のことを追求し続けると同時に「10分間を最大限に使って、自分の想いや素材についていかに表現するか」、これが重要です。

　かつてジャッジを務めていた頃の私は、未知の体験を求めていました。未知の体験とは、先進的で独創的なすばらしいスペシャルティコーヒーの体験です。そんな体験をたった10分間の中でジャッジに味わってもらうためには何が必要なのでしょうか？　コーヒーと向き合い、じっくり考えてみてください。

# WBC2012

　2012年のWBCは6月12日、オーストリアのウィーンで開催され、前年に優勝したエルサルバドルのAlejandroに続き、この年も生産国のバリスタが優勝しました。

## 優勝者Raulの競技

　この年のチャンピオンはグアテマラのRaul Rodas。彼は2010年のWBCロンドン大会で生産国のバリスタとしては当時最高位の準優勝を獲得し、2011年は欠場、そして今大会では優勝を果たしました。

　Raulには特筆すべき点がいくつもあります。まず技術的に荒削りな部分がまったくなく、動作が驚くほど正確でスピーディーです。この点においては競技者の中でも群を抜いていました。

　シグネチャービバレッジでは自身の使用するコーヒーのカスカラ（果皮）、セミウォッシュトコーヒー、ナチュラルコーヒー、ウォッシュトコーヒーをそれぞれ焙煎前の状態で用意し、これをドリップや鍋で煮出して使用し、ドリンクを作りました。それはまさにコーヒー尽くしのシグネチャーといえるでしょう。

Raulはコーヒーから作った2つのお茶をシグネチャービバレッジに使用。彼の技術は素早く、微塵の隙もなかった。
©Amanda Wilson

## 鈴木樹バリスタの競技

　日本代表の鈴木樹バリスタは、ニカラグアのリモンシージョ農園のナチュラルコーヒーを使用して競技に挑みました。このコーヒーは古いナチュラルの概念をくつがえす、すばらしいキレイさを持っています。鈴木バリスタは、そのキレイさと、なぜそのようなナチュラルを作ることができたのか、そこに隠された生産者の努力や尊敬の念などを伝えます。そして彼女が使用する「デリケート」というロットと、もう1つの比較ロット「コンベンショナル」という同じ農園で作られた2つのコーヒーを比較させ、そのすばらしさを明確に伝えました。

　競技の結果は、前回の5位から順位を1つ上げ、見事4位に輝くことができました。

鈴木バリスタは自身の持ち味である柔らかな表情や語り口調をしっかりと出せていた。
©Amanda Wilson

# New Barista

## 日本の"新しいバリスタ"

焙煎士やバイヤー、講師として活躍するバリスタ、コミュニケーション能力や接客サービスに秀でたバリスタ…「彼らこそ日本を代表する"新しいバリスタ"」と私が考えるバリスタたちを紹介します。

## コーヒーの感動や体験をお客様と共有する
# 鈴木樹バリスタ（丸山珈琲）

2008年丸山珈琲入社。2010・2011年度JBCチャンピオン。WBCでは2年連続ファイナリストに選ばれ、2011年は5位、2012年は4位と好成績を残す。『丸山珈琲』リゾナーレ店店長を経て、現在は主に尾山台店に勤務する。
©Amanda Wilson

　バリスタは"コーヒーのプレゼンター"だと思います。エスプレッソでは豆の品質や抽出技術がフォーカスされがちですが、大切なのはおいしいカップと気持ちの良い接客──バランスのとれたサービスです。

　海外の農園を視察した時、「コーヒーを、ただおいしいだけで終わらせてはダメだ」と思いました。「おいしい」の裏には必ず理由があります。そうした背景も知った上で飲むと、一層味わって楽しめますよね。それを私はバリスタとしてお客様に伝え、お客様と感動や体験を共有していきたいと思っています。

　私は2009年からJBCの大会に出場しています。何か一つのこと、一つの豆と向き合える貴重な機会でとても勉強になります。それは同時に「自分はまだまだ知らない」ということに気づく場でもあります。大会までは「本当にそれでいいのか」とあらゆることに何度も疑問を投げかけ、積み上げては壊すという過程を繰り返します。精神的にもつらいのですが、それでこそ「本当に伝えたいこと」が見えてきます。

　目標は世界チャンピオンになること。世界チャンピオンには、この人をチャンピオンにしたいと思わせる圧倒的な何か（オーラのようなもの）がなくてはいけない。「技術」と「心」を磨いて、また挑戦します。そんな私の姿に刺激を受け、大会に出てみようと思ったり、コーヒーの仕事を始めようと思ったり…、私自身が誰かの"道"になれたらいいなと思います。

丸山珈琲 尾山台店
東京都世田谷区尾山台3-31-1
尾山台ガーディアン101号室
03 (6805) 9975
http://www.maruyamacoffee.com/

### 阪本memo

　鈴木バリスタとの出会いは、私が前職のZOKA COFFEEにいた頃です。当時は決してズバ抜けた技術の持ち主ではありませんでしたが、誠実で礼儀正しく、素直な性格であることから、「とてもいいスタッフ」という印象がずっとありました。

　私が丸山珈琲に移籍後、彼女もしばらくして退職したと聞き、「丸山珈琲で働いてみないか」と声をかけたところ、引っ越しを伴う大きな決断であるにも関わらず、彼女は2つ返事でOKしてくれました。このことからも「とても思い切りがよく、チャンスを逃さない」、これが彼女に対する印象です。

　彼女のそうした性格は、その後の『丸山珈琲』におけるバリスタ人生をとても大きく開花させます。2010年のJBCで、『丸山珈琲』で唯一ファイナルに残った彼女は、他の優勝候補者を尻目に120％の実力を発揮し、見事優勝しました。WBC2012で世界4位に輝くことができたのも、そんな彼女の勝負強さと、思い切りの良さが光ったからでしょう。

　このまま世界の頂点を目指して、また頑張ってほしい。すでに彼女にはそれをつかむだけの実力と強さがあると思っています。

## 抽出技術の基本を大切にコーヒー豆に向き合う
# 齋藤久美子バリスタ（丸山珈琲）

2009年丸山珈琲入社。JBC2007・JBC2011で2位入賞の実績を持つ。現在は『丸山珈琲』ハルニレテラス店で店長を務めている。持ち前の笑顔と温厚な人柄で後輩からの信頼も篤い。

　エスプレッソを淹れるときに心がけているのは、お客様がひと口飲んで、「ああ、おいしい」と思っていただけることです。『丸山珈琲』のコーヒー豆は非常に品質が高く、とても繊細です。そのため、抽出によっては、ふた口目まで飲まないと、そのおいしさが伝わらないこともあります。それは悪いことではないのですが、できればお客様に、飲んだ瞬間にそのコーヒー豆がもつ華やかさや口当たりの柔らかさ、バランスなどを感じてほしいのです。

　おいしいエスプレッソを抽出するには、そのコーヒー豆が持っている特性を知り、状態の良し悪しを知る必要があります。エスプレッソを抽出して何か引っかかりを感じたときは、フレンチプレスで抽出するようにしています。店頭ではカッピングがむずかしいこともありますが、エスプレッソで凝縮される豆の特性は、フレンチプレスでも感じられるはずだからです。

その上で、コーヒー豆の持つ味わいをどう引き出したらよいのかを考えます。また、そこで得られたことをお客様に伝えられるのも大事なことです。

　日々の業務のなか、バリスタとして大切にしているのは、抽出技術の基本です。コーヒー豆に向き合い、特性を引き出せるのも、基本が身についていてこそ。タンピングが水平にできているか、粉を一定につめられているかなどを、今でも確認しながら、忠実に行っています。

　今後目指すのは、トップクラスのカッパーやバイヤーと対等に話せるバリスタです。直接お客様と接するバリスタがそれほどの知識を身につけられたら、さらにコーヒーの楽しさやすばらしさを伝えられると思うんです。そのために、もっと多くのことを学んでいきたいですね。

丸山珈琲 ハルニレテラス店
長野県北佐久郡軽井沢町大字長倉星野2145-5
0267 (31) 0553

---

## 阪本memo

　齋藤バリスタの大きな強みは、とてもすぐれたバリスタでありながら、店舗や部下をマネジメントしていく能力です。バリスタは職人的な部分がフォーカスされ、小手先の技術が能力の高さのように評価されがちです。そんな中で彼女は日商100万円近くを売り上げるコーヒーショップをバリスタとしても店長としても管理・運営していける能力を持っています。これはトップバリスタとしても非常に稀なケースではないでしょうか。これだけの店舗を運営するためには、バリスタとしての素早い動作、すぐれたオペレーション能力はもとより、多くの部下から信頼を得ることや、高いレベルのバリスタを育成する教育力も必要です。この両方を兼ね揃えた人物を見ることは、長く業界にあって彼女ほど高いレベルのバリスタは他にありません。

　齋藤バリスタとは私が初めてコーヒーの仕事に従事した前職の頃から一緒なのですが、彼女の大きな力は、バリスタとしても、マネジャーとしても、すばらしい成果を上げ続けています。

## さらなるコーヒーの魅力をスタッフ皆で発信したい
# 中原見英バリスタ（丸山珈琲）

2007年丸山珈琲入社。JBC2008で4位入賞、同年開催されたJBC08-09で準優勝、JBC2009で優勝を飾る。小諸店店長を経て、グリーンバイヤー／バリスタに。得意の英語を活かし、世界各地の生産者とコミュニケーションを図っている。

　スペシャルティコーヒーの魅力は、それぞれに個性豊かな風味があることです。生産者の方が手間をかけて育てたコーヒー豆の"力"を、最後の抽出で極力損なわず、その豆の持つ最大限の魅力をカップの中に入れることができたらと思っています。さらに、お客様にとってコーヒーがただのコーヒーで終わらず、飲み終わった後に幸せな気持ちになり、「また飲みたい、また来たい」と思っていただけるようにならなくては、と思っています。そのためには、接客もとても重要です。また、生産地についてなど、コーヒー豆の背景を伝えることで、そのコーヒーに対する興味が増し、時には、味わいに変化が生じることもあると思います。

　私自身、初めて生産地を訪れた時、そんな体験をしました。2009年冬に訪れたグアテマラでは、それまで農園名しか知らなかったコーヒー豆が、顔も名前もわかる生産者の方が作った特別なコーヒーになり、生産者の方と会う前とでは味わいまでもが異なる気がしました。また、初めての産地訪問で現地のコーディネーターの方が、「見英が大会（JBC）でグアテマラのコーヒーを使ってくれたらこんなにうれしいことはない」といってくれたことは忘れられません。その時、「すばらしい生産者の方々が一生懸命作ったコーヒーのおいしさをお客様に伝えることが、バリスタの役割だ」と強く感じました。その後の'09年JBCでグアテマラのコーヒーを使って優勝できたのも、この体験があったからこそだと思っています。

　最近では、バイヤーとして世界各地の生産地を回っています。生産地で得た情報を、スタッフと共有し、皆で発信することで、もっともっとコーヒーの魅力をお客様にお伝えしたい——そのための方法を、日々模索しています。

丸山珈琲 小諸店
長野県小諸市平原1152-1
0267(26)5556

## 阪本memo

　2009年に国内大会でチャンピオンになった中原バリスタは、その当時、決して技術レベルが突出したバリスタとはいえなかったと思います。ただ、彼女は強豪揃いのファイナリストたちの中で、「自分の想いを伝える」という部分において、大きなパワーを発揮しました。
　「他人の想いに共感し、そこに自分の想いを重ね合わせて伝える」という彼女の姿に、私も大きな影響を受けました。私が自分自身の感情に訴え、バリスタトレーナーとしてのモチベーションを高めようと意識をしたのは、彼女とのトレーニングから得た経験によるところが大きいのです。
　中原バリスタは、現在はコーヒーバイヤーという仕事に活動範囲を広げています。語学が堪能でコミュニケーション能力があり、"共感する"という彼女のすぐれた一面が、すばらしいコーヒーバイヤーになる手助けとなっています。
　バリスタを経てバイヤーになっていく姿を欧米ではしばしば見かけます。それを日本で初めて体現したのは、この中原バリスタではないでしょうか。今後もその活動と活躍に注目したいと思います。

## その豆が持っているものを全部引き出したい
# 櫛浜健治バリスタ（丸山珈琲）

『ZOKA COFFEE』を経て、2010年丸山珈琲入社。2009年のJLAC（ジャパンラテアートチャンピオンシップ）で優勝し、2010年に3位、2011年に2位と以後も続けて入賞。JBC2009でも3位入賞の実績を持つ。現在は丸山珈琲小諸店勤務。

　僕がバリスタとしてエスプレッソを抽出するときに考えているのは、その豆が持っているものを、全部引き出したいということ。そのために、それぞれの豆をもっとよく知り、豆と向き合いたいと思っています。『丸山珈琲』では、エスプレッソでの抽出に加え、フレンチプレスでの抽出とカッピング、3つの方向からコーヒー豆に迫れるので、日々新たな発見があります。

　もうひとつバリスタとして心がけているのは、おいしいエスプレッソを抽出し、提供するのはもちろん、お客様の体調や状態に合わせたドリンクを提案したり、コーヒーの価値や魅力をきちんとお客様に伝えることです。たとえば、同じカプチーノを提供するとしても、夏と冬とでは、温度に少し高低をつけたり、会話する中でお客様の好みを把握したり、コーヒーのことをわかりやすく説明したり……。そういったサービスも含めて提供することが、バリスタの仕事であり、ひとつの商品なのかなと思っています。

　今は、カッピングを正確に取れることを目標に、日々勉強しています。『丸山珈琲』で働き、多くのことを学ぶほどに、原料のところから、もっともっと、コーヒーのことを知っていきたい気持ちが強くなっています。今の目標は、いつか自分で焙煎もできるようになることです。より原料に近い部分を知ることで、抽出にも生かせる部分もあるのではと考えています。

丸山珈琲 小諸店
長野県小諸市平原1152-1
0267（26）5556

## 阪本memo

　私が「日本で最も高品質なフォームミルクが作れるバリスタ」と断言できるのが、この櫛浜バリスタです。彼はそのすべてを自分の思った通りにコントロールできます。

　本書のカプチーノの章でも、彼の技術と理論を1つのベースにして構成しました。それは彼がその理論についても深く理解しているからです。

　日本でよく飲まれるエスプレッソドリンク、それはカプチーノ（ラテを含む）です。カプチーノの80％以上を占めるのがミルクである以上、そのクオリティを最大限に高め、自在にコントロールできることは秀でた能力といえます。

　プレ大会、第1回大会と日本では2年連続してラテアートの大会（JLAC）で優勝した櫛浜バリスタですが、彼の真骨頂は、絵柄を描く能力というより、ミルクの質感や温度をはじめあらゆるものを理解し、コーヒーに合わせることができる能力にあると思います。

## 豆のキャラクターの幅を広げるブレンドにも目を向けたい
# 岩瀬由和バリスタ（REC COFFEE）
よしかず

JBC2011で3位入賞を果たした岩瀬バリスタ（右）。左は共同経営者の北添修さん。2人は愛知県の大学の同級生。2008年にコーヒーの移動販売をスタートさせ、現在は福岡市内で3店舗展開。ともに専門学校の講師としても活躍している。

　今までバリスタとしてJBCに4回、そして今年の春にはシンガポールで行われたFHAバリスタチャレンジに日本代表として参加をして来ました。『REC COFFEE』では店のスタッフにもさまざまな競技会に挑戦するように奨励しています。それは自分たちが日頃行っている技術に間違いがないか、そしてお客様にコーヒーを楽しんでもらえるようなプレゼンテーションができているか、その答え合わせをするためです。

　2012年のJBC予選ではエチオピアにコスタリカのCOEをブレンドしたドリンクを用意しました。近年の潮流はシングルオリジン一色ですが、ある豆の個性を抜き出して組み合わせ、シングルオリジン以上のキャラクターができたら、それは認めざるを得ないのではと考えたからです。スペシャルティコーヒー以前は、豆の欠点を補うためにブレンドを行ってきましたが、これからは豆のキャラクターを尊重し、その幅を広げていくことがこれからの新しいブレンドになる気がします。それには豆の個性を余すことなく理解することが必要です。ですので、すべての豆はプレスだけではなくエスプレッソで抽出し、隠れていた酸味や甘みを引き出すようにしています。また、焙煎してから何日目が一番味のピークがくるかを、科学的に理論づけするなど、今まで感覚でやっていたことを一つひとつ検証することもやり出しています。

　将来の目標としては、すぐれたバリスタをたくさん抱えたカフェにすることです。そのためにも、日常でも大会でも挑戦し続けます。

REC COFFEE 薬院駅前店
福岡県福岡市中央区白金1-1-26
092 (524) 2280
http://rec-coffee.com

## 阪本memo

　岩瀬バリスタは素質にあふれており、それでいて非常にセンスのいいバリスタです。ここ1、2年で彼は目覚ましいほどの成長を遂げています。それは天性の素質だけでなく、彼の置かれている環境にも要因があります。

　岩瀬バリスタは、ここで紹介するバリスタの中で唯一、自身の店を立ち上げた創業者であり社長です。彼は自らの会社の存続と、社員の生活という大事な使命を背負いながら、バリスタとしての自己の成長に励んでいます。

　投資するお金も時間も、すべてが自分の身を切り出して捻出することから、1分1秒も無駄にできない状況であり、それが彼の大きな成長の原動力になっていると思います。

　2011年のJBCではチャンピオンにあと1歩と迫る3位を獲得しました。出場すれば必ず前回の順位を越える成績をおさめている岩瀬バリスタが、次にはどのような結果を勝ち取るのか、今から楽しみです。

## スペシャルティコーヒーのおいしさを多くの人に伝えたい
# 山本知子バリスタ（Unir ウニール）

右が山本知子バリスタ、左はUnirのオーナー/焙煎士で夫の尚さん。山本バリスタはJBC2011でファイナリスト4位。Unirではヘッドバリスタ/統括マネージャーを務める。また専門学校などで講師としても活躍中。

　京都で夫とともにスペシャルティコーヒー専門店を営んでいます。おいしいスペシャルティコーヒーを気軽に味わっていただきたくて、昨年、京都市内にカフェを開きました。カフェではCOEのものなどトップクラスの豆のみを扱い、すべてシングルオリジンでご用意しています。それぞれに個性豊かなコーヒーの味わいや、日ごとに変化するコーヒーの味わいなども楽しんでいただきたいですね。そして、カフェ以外にコーヒー教室や催事などさまざまな場を通じて、スペシャルティコーヒーのおいしさをもっと多くの人に伝えていきたいと思っています。

　エスプレッソドリンクにとって、またバリスタにとっても、基本はエスプレッソとその抽出です。抽出して味を見る、その繰り返しによってベストなエスプレッソを抽出・提供しています。とはいえ、昨年当店にLoring Smart Roastという大型焙煎機を導入してからフレーバーがより感じられるようになり、焙煎も大事だと実感しました。

　私は2007年から毎年JBCに出場しています。大会に出ることでコーヒーについて理解が増すと同時に、その競技には一つひとつに意味があることから、お客様においしいコーヒーを提供できることにもつながります。私が思い描くバリスタ像は、大会が掲げる"スペシャルティコーヒーの大使"そのものです。JBC2011ではそれまでの最高位である4位でしたが、「それで終えていいのか」という気持ちがあり、2012年もトライしました。Unirでは後輩のバリスタが育ってきており、私はヘッドバリスタとしてこのチームを大事にしながら自分自身もより高みを目指して取り組んでいきたいと思っています。

Unir京都御幸町店（カフェ＆コーヒーラボ）
京都府京都市中京区御幸町通御池下ル大文字町341-6
075（748）1108　http://www.unir-coffee.com/

## 阪本memo

　30、40代の女性や主婦が、バリスタという職業にあこがれを持つことは非現実的なのか――決してそうではないことを山本バリスタは証明してくれます。

　山本バリスタは主婦として家庭を持ちながら、バリスタとして日々『Unirウニール』のお店で働いています。そしてチャンピオンシップという困難で大きな大会に挑み、160人のバリスタの中でたった6人しか選ばれることのない、ファイナリストという称号を見事勝ち得ました。

　彼女のすばらしいところはズバ抜けたセンスや素質というよりは、「人よりも多くの努力をする姿勢」です。そして彼女の御主人でもあるオーナー山本尚さんも、彼女をバリスタとして成長させるために最大限のサポートを行っており、夫婦の信頼関係がより強い山本バリスタをつくり上げていると思います。

　Unirの統括マネージャーでありヘッドバリスタとして、山本バリスタには一層大きく成長してほしいと願っています。

# 今、おいしいと感じるコーヒーを提供したい
## 竹元俊一バリスタ

1977年鹿児島県出身。パティシエを経て、井ノ上珈琲有限会社入社。2006・2008年度JBCチャンピオン。当時勤務した『ヴォアラ珈琲』では焙煎にも取り組んだ。2012年、鹿児島市内で独立開業予定。

　エスプレッソは科学の実験と似ています。同じ豆でも淹れるごとに変化し、その凝縮された1杯にも味わいの変化が感じられる。「どうしてこんなに変化するんだろう」と、バリスタになって10年経った今もワクワクします。

　エスプレッソを含むすべてのコーヒーにとって大切なのはカッピングだと思います。抽出では粉に対して均等にお湯を通すことが大切ですが、その時の気候やマシンの状態などのちょっとした環境変化で味わいも急に変化してしまう。それがエスプレッソのむずかしさであり、おもしろさでもありますね。

　これまでに2度、産地を視察しましたが、産地を訪ねるとコーヒー観が変わります。コーヒーが農作物であることを強く認識し、「手間と偶然が重なってよく自分の元まで来たな」と感心する。製造の過程にあるそうした大変さも理解した上で、バリスタとしてコーヒーを扱いたい。カッピングで高評価が出たものとお客様が好まれるものは総じて比例しますが、私は「お客様においしいと評価していただけるコーヒー」をモットーに、今その時、その瞬間においしいと感じるコーヒーを提供していきたい。

　デビッド・ショーマーにあこがれ、コーヒースタンドをやるのが夢でした。そして2012年、鹿児島市内に念願の店を構える予定です。ここをベースに、エスプレッソのおいしさをもっと広めていきたいと思っています。

## 阪本memo

　竹元バリスタとは、彼が日本代表として出場した2006年WBCスイス大会前からの付き合いです。本格的に彼を深く知ることになったのは2008年のWBCデンマーク大会で、彼にヘッドコーチに任命してもらったのがきっかけでした。

　竹元バリスタの最も優れた能力は、バリスタとしてのテクニックやスピード、つまり「バリスタとしての身体能力」です。私は彼のコーチに任命してもらい、ともにWBCを戦ったのですが、残念ながら予選突破はかないませんでした。あくまで私の視点ですが、「彼ほどの能力の高いバリスタを要しながら勝てないのは、コーチの私がWBCでの戦い方を知らないことが最大の原因だ」というのが率直な感想でした。「日本と世界とは戦い方が違うんだ。世界を目指して戦うための情報収集や準備をしないといけない」。私にそう思わせたきっかけは竹元バリスタの能力の高さがあるからです。

　その後、彼はロースターとなり焙煎の経験を積んだり、産地におもむく機会を得て、とても視野が広がったようでした。そんな竹元バリスタと、もう1度WBCに行ってみたかったと思います。

## お客様に向き合うカウンターが一番大切
# 西谷恭兵バリスタ（BAR iL PRiMARiO）

1979年埼玉県出身。パティシエ、料理人、フロアサービスを経験した後、バリスタに。東京の『Lo SPAZIO』『オーバカナル』を経て、2008年より『バール・イルプリマリオ』で店長を務める。JBC2004では準優勝に輝いた。

　私は、エスプレッソをあくまで日常的なものとして提供したいと思っています。他国の文化ですから、お客様にはとっつきづらい部分もありますが、そのスタンスを変えたいんです。だからこそ、あえて、「エスプレッソっておいしいんですよ」などとすすめることはしません。今、幸いにもエスプレッソという言葉が浸透してきていますし、「エスプレッソってどんなもの？」とお客様から聞かれた時、初めてお答えし、提供します。あくまでお客様のペースで飲んでほしいのです。

　イタリアでは、「家の近所、職場の近所、その中間地点、それぞれに3つのミオ（マイ）バールを持ち、自分にとってのプリモ（第一の）バリスタを見つけなさい」といわれます。つまり、エスプレッソをどこで飲むのかより、誰に淹れてもらうかが重要なのです。私のマインドはそこにあります。人柄を磨いて、お客様にいかに私が作ったドリンクを飲んでもらえるかが大切です。そのためには、カウンターの外にいる時間こそ大切だと思っています。常に身だしなみ、言葉遣いに気をつけ、365日バリスタでいたいですし、企業人として、何より人としてきちんとしていたいです。

　私は、対お客様を常にスタート地点にしてきました。ですから、お客様に向き合うカウンターは、一番大切なもの。将来的には、カウンターをメインにした店を開業し、今まで積み上げてきたものを形にしたいですね。また、バリスタサービスやホスピタリティ、経営についてのセミナーやコンサルティングを行い、後進を育てていきたいと思っています。

BAR iL PRiMARiO
東京都港区北青山3-11-7
AOビル B1F 紀ノ国屋インターナショナル内
03（3409）3717

## 阪本memo

　「バリスタは素材にフォーカスすることがとても重要」と、繰り返し話してきました。しかしもちろんそれだけがすべてではなく、やはりバリスタが接客業である以上、サービスは絶対に欠かすことのできないポイントです。

　ここで西谷バリスタを紹介したのは、バリスタに求められるサービス、接客、そして日本でもNo.1といえるほどのプロフェッショナルな身のこなしを知っていただくためです。

　お客様が何を求めているか、何を欲しているかを感じ取り、希望どおりの商品やサービスを提供できることは、バリスタという職業の信頼性を高め、社会的地位を向上させます。

　西谷バリスタのサービスを受ければ、そのレベルの高さがわかります。どんなドリンクを飲みたいか、その時の気分などを伝えれば、彼はそれに合わせて最適なドリンクを作り出すのです。

　彼が働くお店はコーヒー豆の販売を主としていませんが、豆販売に従事するバリスタにも、彼のようなすばらしいサービス能力を身につけてほしいと思っています。

目指すのは、"意思のあるコーヒー"
# 菊池伴武バリスタ (NOZY COFFEE)

左が菊池伴武さん。中央はNOZY COFFEE代表の能城政隆さん、右は佐藤公倫さん。菊池さんは『スターバックス コーヒー』『珈琲屋めいぶる』を経てNOZY COFFEEへ。2010JBCではファイナリスト5位に選ばれる。

　『NOZY COFFEE』で僕らが目指しているのは、"コーヒーアンバサダー"のような存在。それは、生豆の段階から焙煎、抽出する最後の段階までの知識を持っている、スペシャリストです。たとえば、お客様が豆を求める時、知識がない店員から買うのと、ソムリエのように総合的な知識を持ったスペシャリストから購入するのとでは、価値がまったく違ってくるはず。そのため、この店では全員が抽出を行いますし、基本、ロースティングもやっています。そういったコーヒーのスペシャリストがバリスタと呼ばれるのかもしれません。職業として確立されるのであれば、他の呼称でも構わないと思っています。

　抽出時、焙煎時ともに心がけているのが、スペシャルティコーヒーが生豆の状態で持っている特性や魅力を、いかに引き算を少なくして、引き出すかということ。バリスタとして抽出する時は、その特徴をしっかりと理解した、"意思のあるコーヒー"を目指しています。そういった中で、最も大切にしているのが、カッピングです。ロースティングも抽出も、すべてカッピングが基準ですし、バリスタ、ロースターを橋渡しする会話も、カッピングがベースです。

　スペシャルティコーヒーのことをよりたくさんのお客様に伝えられるよう、日々、豆の特性にいかに誠実に向き合えたのかを問いながら、業務に携わっています。

NOZY COFFEE
東京都世田谷区下馬2丁目29-7
03 (5787) 8748
http://www.nozycoffee.jp/

## 阪本memo

　菊池バリスタはとても聡明で探究心の強いバリスタです。勉強熱心であらゆることに関心を持ち、常に自分を高めることに余念がありません。そんな彼の最も特筆すべき点はプレゼンテーション能力です。

　知識や情報をたくさん持ち合わせていても、それをアウトプットできなければ意味がありません。その点において菊池バリスタは「伝える力」にとてもすぐれており、聞き手にとって何が興味深い情報なのか、どのように伝えればよく伝わるのかを深く理解してプレゼンテーションすることができます。

　昨今の菊池バリスタは、生産地へ行くという経験を積み、焙煎を行い、英語学習を重ねています。プレゼン能力が高い一バリスタから、大きな飛躍を遂げ始めている彼は、その成長が最も楽しみなバリスタの一人です。

## コーヒーの"おいしさ"を講師という立場で伝えていく
# 村田さおりバリスタ（UCC コーヒーアカデミー）

UCC直営店でのアルバイトやUCCコーヒー博物館での博物館員を経て、2008年UCCホールディングス株式会社に入社、UCCコーヒーアカデミー講師となる。JBC2008・2010、JLAC2010・2011ともにファイナリストに選ばれる。

　UCCコーヒーアカデミーの講師になり早くも5年目になりました。講師になる前はUCCコーヒー博物館で博物館員をしていましたが、その時のさまざまな出会いから学んだ経験は私の原点でもあり、今もその出会いから刺激をいただいていることがコーヒーに対する私の姿勢ともなっています。

　当初はエスプレッソ部門の講師を務めていましたが、コーヒーについて勉強を重ね、資格の取得や現場を通してステップアップを経て、今ではコーヒーの基礎知識全般のセミナーも担当しています。もちろん現在も勉強を続けています。自分のスキルを上げるということは、コーヒーのおいしさの質が上がることにもつながりますし、それ以上においしさの幅やその理論もきちんと伝えられるようになれば、より多くの方にコーヒーの奥深さを知っていただけるからです。

　JBCには毎年出場しており、大会に出ることで私自身が得られるものが大きいのはもちろんありますが、私の背中を見ながらバリスタに憧れる生徒さんたちに"やればできる"ことをお伝えできたらと思っています。また彼らと数年後、もっと先になるかもわかりませんが、将来この業界を一緒に盛り上げていけたらいいなと願っています。

　私は講師なので授業という場が通常ですが、ある時はJBCという公の場で"コーヒーのおいしさを伝える人"という意味では、店舗に立つバリスタとカタチは違っても、その気持ちの強さや信念は変わらないと思っています。

UCCコーヒーアカデミー
兵庫県神戸市中央区港島中町6-6-2
078 (302) 8288
http://www.ucc.co.jp/academy/

---

### 阪本memo

　お店に立ってコーヒーをサービスするのがバリスタという職業なら、彼女をバリスタと呼ぶのは意見が別れるかもしれません。店頭でのサービスのキャリアはとても短いからです。

　しかしバリスタという職業の発展を啓蒙していきたいと考えている私は、村田バリスタの存在と、彼女の果たす役割はとても大きいと考えています。なぜなら彼女はUCCコーヒーアカデミーをはじめ、実に多くの専門学校や公の場で、コーヒーそのものと、バリスタという職業についてセミナーやトレーニングを行っており、彼女のトレーニングを受けて巣立ち、バリスタとして世に出た人達は多数にのぼるからです。

　バリスタがお店に立ってファンを増やすことも大切です。しかしバリスタという職業の認知度や全体のレベル、社会的地位などがまだまだ低い時世にあって、コーヒーやバリスタについて正しい知識や技術を与えられる彼女の存在が、業界の普及啓蒙に大きな役割を果たすと思うのです。

　私も"職業バリスタ"ではなくコーチという立場なので、彼女の姿に自分を重ね合わせることがあり、すばらしいバリスタ育成のために頑張ってほしいと願わずにいられません。

# 阪本バリスタトレーナーへのQ&A

**Q** エスプレッソとの出会いは?

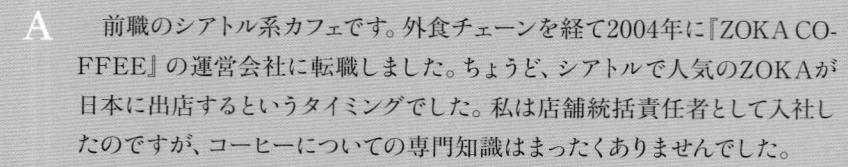

**A** 前職のシアトル系カフェです。外食チェーンを経て2004年に『ZOKA COFFEE』の運営会社に転職しました。ちょうど、シアトルで人気のZOKAが日本に出店するというタイミングでした。私は店舗統括責任者として入社したのですが、コーヒーについての専門知識はまったくありませんでした。

研修で訪れたシアトルで、現在のCOE（カップオブエクセレンス）のヘッドジャッジを務めるシェリージョーンズなど錚錚たる方々からエスプレッソのトレーニングを受ける機会がありました。彼女は「イタリアでのエスプレッソは"文化"」だと語り、当時から素材の品質がいかに重要であるかを説き、私にCOEの豆やシングルオリジンの豆で淹れるエスプレッソのおいしさを教えてくれました。しかし当時の日本ではまだ誰もそうしたことを教えてはおらず、ならば自分が率先して普及しようとコーヒー業界の方々と交流をはかっていたら、私の考えに共感するという声がロースターに多かったんです。この時もっとも関心を示してくれたのが『丸山珈琲』の丸山健太郎さんでした。

右が筆者。シアトル本国ZOKAのロースターやバイヤーたちと日本に導入するコーヒー豆のカッピングと、打ち合わせを行っている様子。

**Q** それからどのような経緯でバリスタトレーナーになったのですか?

**A** 『ZOKA COFFEE』で私は社員とアルバイトのバリスタの育成もまかされていました。

私が育成に関わったバリスタの中に、齋藤久美子バリスタや櫛浜健治バリスタがいます。当時、齋藤バリスタや櫛浜バリスタは、JBCなどのバリスタ大会で上位に入賞し、注目を集めていました。そんな彼らをトレーナー的立場でサポートしていたことや、JBCでヘッドジャッジを務めていたことなどが評価され、私のもとには徐々にトレーニングの依頼が寄せられるようになりました。

私は2007年に『丸山珈琲』に入社しましたが、オーナー丸山の理解もあって、以後本格的にバリスタトレーナーの仕事をスタートさせました。

名の知られるバリスタトレーナーにはバリスタチャンピオンの経歴を持つ方が多い中、大会出場経験のない私のようなトレーナーはめずらしいと思います。

Q　どのようなところから
　　バリスタトレーニングの依頼があるのですか？

A　コーヒーの総合商社や機器メーカー、ロースター、中小のコーヒー店などから依頼をいただきます。なかでも特に多いのがロースターからの依頼です。エスプレッソやバリスタのことを知りたい、エスプレッソマシンを買ったはいいけど使い方が正しいかどうかわからない、など理由はさまざまです。ロースターの方は当然、素材への関心が高いので、品質の重要性を理解してくださる方が多いですね。近頃はロースター所属のバリスタでJBCに出場する人が増えていて、そうした方々から大会に向けたトレーニングの依頼がくることもよくあります。

Q　バリスタの大会に向けたトレーニングとは
　　どのようなものですか？

A　大会向けのトレーニングは実践に即した内容で、素材は何を使うのがよいか、プレゼンテーションの内容はどうするか、などバリスタと二人三脚でつくり上げていきます。本書の「バリスタトレーニング」の章でもお話しましたが、こういったバリスタ個人のスキルを上げるトレーニングに対して、お店で提供するエスプレッソの品質向上を目的としたトレーニングがあります。しかし実のところ、両者にほとんど違いはありません。
　"大会のためのトレーニング"というと、まるで大会とふだんのオペレーションが別物のように受け取られがちですが、それも大きな誤解です。大会に向けて行うトレーニングはバリスタのあらゆるスキルを極限まで高めるものであり、普段のオペレーションにも確実につながるもの。だから私はバリスタたちに大会への出場を積極的にすすめています。バリスタから大会に出たいということでトレーニングの依頼があると、「またひとり、有能なバリスタが世に出て、確かなエスプレッソを淹れるお店が増える」と、うれしく思いますね。

愛知県『珈琲通 豆蔵』でのトレーニングの様子。

Q　クライアントはどれくらいありますか？

A　顧客は日本全国に7〜8社ほどです。基礎的なバリスタトレーニングから、JBC向けのトレーニングまで、内容もクライアントによってさまざまです。バリスタ大会前のピークの時期などは日本各地を2、3日ごとに移動を繰り返す日々が続くこともあります。

Q　トレーニングの回数・頻度は？

A　大会前に数日間集中して行うケース、数回を数ヵ月ごとに行うケースなど、これも顧客に合わせて対応しています。

**Q** 『丸山珈琲』のスタッフをトレーニングすることは？

**A** 各店舗に立ち寄った際にアドバイスをすることはありますが、社内に20名ほどいるバリスタ全員に対して決まったトレーニングは行っていません。ただ、バリスタの大会に出場することが決まったバリスタには、その時点からトレーニングを行います。

弊社の丸山が生産地の農園で直接買い付けた世界トップクラスの素材を日々扱えることが、彼らにとっては非常に価値のあるトレーニングになっていると思っています。

JBC2009でトレーナーとして中原見英バリスタに付き添う筆者。

**Q** トレーナーとして特に意識していることは？

**A** "バリスタトレーナー"と聞くと"技術を教える人"といった側面が強いようにも思われますが、私の中でこの仕事に対する意識はもっと深く、私自身はこれを「コンサルティング」と捉えています。成長したバリスタと確かな品質のエスプレッソが、そのお店に欠かせない重要な要素となって機能するまでが私の責任。トレーニングに関わるすべての人がバリスタのこともエスプレッソのこともよく理解し、"ひとつのチーム"となって歩んでいく、そのために手助けをするのがバリスタトレーナーの役割だと思っています。

**Q** チームとして機能するまでには苦難もありそうですね。

**A** チーム内で意思の統一がはかれない場面にも遭遇することがあります。そうした場合は、意思決定者と密に話し合ったり、中間案を提示するなどして事態の改善に努めます。

バリスタトレーナーには「バリスタ」と「エスプレッソ」についての深い知識が当然必要ですが、カッピングや焙煎などに関する知識も必要になってきます。なぜなら、トレーニングにはさまざまな分野の人が関わってくることが多く、たとえばチーム内で意思の統一が困難な場合には、それぞれの立場の意見を聞き、それに一定の理解を示した上で対話を進めていかなければならないからです。私自身がいろいろな話に翻弄されないように、「着地点はどこなのか」ということを常に考えるようにしています。

エスプレッソの状態を、専用の道具を使って調べる著者。バリスタトレーニングの一場面。

**Q** バリスタを志す人が増えています。
日本のバリスタへ伝えたいことは？

**A** 私がバリスタの方々にまず伝えたいのは「素材次第でバリスタの世界は広がる」ということ。人を納得させるおいしいエスプレッソを淹れるには、原材料の生豆が良質のものでなければならない。誤解されがちですが、生豆から一杯のコーヒーになるまでの過程で素材のポテンシャルが上がること

は絶対にない。それはコーヒー以外の肉や米、ワインなどでも証明されています。

　私の所属する『丸山珈琲』には、JBC2009で優勝した中原見英、JBC2010・2011で優勝した鈴木樹、齋藤久美子、櫛浜健治など、バリスタ大会で上位入賞の経歴を持つバリスタがいます。中原は現在バイヤーの道を歩み始めていて、齋藤は店長に、櫛浜は製造部門での勉強も始めていますが、コーヒーの分野でさまざまな職種に進むためのスタートとしても私はバリスタをおすすめします。なぜなら、バリスタになるとエンドユーザーであるお客様に接することができるので、"お客様の気持ちがわかる"ロースターやバイヤー、トレーナーになれるからです。

　先にも述べましたが、バリスタは"コーヒーの大使"です。お客様のもとに最後にコーヒーを届けるのはバリスタ。素材のことやその大切さをきちんと伝えられて、きちんと抽出ができて、そのおいしさをお客様に伝えることができてこそバリスタです。このように私がイメージするバリスタは確実に増えてきているし、そうしたバリスタを育成するのが私の仕事。そして、「コーヒーの"種からカップまでのすばらしさ"を伝えるのがバリスタである」ということに気づきを与えるのが私のトレーニングです。

# おわりに
## 〜バリスタの皆様へ、そしてバリスタを目指す皆様へ〜

　そもそも私はコーヒーが大の苦手でした。それが必要に迫られてシアトルで飲んだ、とあるバリスタが淹れた1杯のカプチーノと、カップオブエクセレンス受賞豆で抽出したフレンチプレスコーヒーを味わい、生まれて初めておいしいと思えるコーヒーと出会いました。この体験は「コーヒーはおいしくない飲み物だ」という私の考え方を変えてくれました。

　コーヒーが好きになり、興味を持って初めて気がついたのですが、特に日本ではコーヒーという飲み物は、その地位が大変低いものだと感じました。すばらしいレストランでも最後に出るコーヒーはおいしくなかったり、バールで出てくるカプチーノはミルクとシナモンの味しかしなかったり…。

　ある時、ふとマシンに目を向けると、ホッパーの中のコーヒー豆はこれでもかというほど黒く焙煎されていました。そんな油ぎった豆を見て、これでおいしくなるわけがないと思ったものです。

　前職の頃、営業先から「味はともかく、価格を教えてくれないか」とか、「○○円以上なら買えないから」などといわれることもあり、まだまだコーヒーとは買い叩いてナンボの商品なんだと痛感したものでした。そして、この状況を打破し、コーヒーの本当のおいしさを伝えるためには、バリスタという職業の確立、活躍が欠かせないと感じました。

　「おいしいコーヒーはたしかに作られている。それほど多くはないが、日本にも入ってきている。あとは、それを最終の顧客に伝えるバリスタが正しい知識と技術で良いコーヒーを選択し、良い状態で提供する。そうして提供を受けた多くの顧客が、心からおいしい飲み物と感じ、その存在価値が高まっていく」

　これが私の描いた理想像でした。

　料理人が食材に無知ではいけないように、バリスタがコーヒーについて学ぶのは絶対に必要なことです。しかし料理人が調理において発揮できるほど、バリスタには自由度がありません。最終的な味の良し悪しを決める要素の多くを占めるのは原材料です。

　残念なことに、「クオリティの低い原材料ではおいしいコーヒーを淹れることはできない」ということに気づいていない人がまだまだ多いように思います。この点については私も未熟で、学ばなければいけないことがたくさんあります。

　そういったコーヒーと顧客のすばらしい未来をつくるバリスタに、何かヒントになるようなことが伝えられないものか、と思ったのが本書執筆のきっかけでした。

　私が思い描く理想のバリスタは、一般的にイタリアにいるような、いわゆるバーテンダーと同じ役割を果たすバリスタとは少し違います。

　お店で出すお酒や料理は、各自の働く環境によってカスタマイズしていく

能力が求められますが、エスプレッソコーヒーに関していえば、原材料であるコーヒーを極める能力がバリスタには絶対に必要です。

　また、私の思い描くバリスタは、きれいなラテアートを描く人のことではありません。高い品質のコーヒーを理解し、それを最高の状態で抽出・プレゼンテーションできる人です。

　美しいラテアートは顧客を魅了し、惹きつけます。しかしそれはバリスタの能力の一部であり、何より優先すべきは味、つまりコーヒーのクオリティです。きれいな絵のために味を犠牲にしてはいけません。

　バリスタとは、コーヒーのクオリティを高めるために高い向上心を持ち、表面的なことだけにとらわれず、コーヒーとそのクオリティの追求に日々取り組む人のことです。

　エスプレッソはコーヒーのフレーバーや特徴を最も強く表現する抽出手段であると私は考えています。つまりバリスタとは、そのコーヒーの持ち味を引き出して顧客に提供できる唯一の職業であり、コーヒーが飲めない人やどのコーヒーも同じと思っている人、コーヒーそのものに甘さやさまざまな味わいがあることを知らない人に、本当のコーヒーのおいしさを伝えられる職業なのです。そうしたことができるバリスタが増えてほしいと願い、私は本書を書き上げました。この執筆が終わっても、その気持ちを忘れずに日々取り組んでいきたい思います。

# Special Thanks

**株式会社ディーシーエス**
兵庫県西宮市甲子園口4-22-22　tel 0798 (65) 2961
http://www.dcservice.co.jp/

**トーエイ工業株式会社**
東京都大田区多摩川2-18-4　tel 03 (3756) 5011
http://www.toei-inc.co.jp/

**珈琲通 豆蔵**
愛知県岡崎市細川町字長根38-4　tel 0564 (45) 1088
http://mamezocoffee.com/

**丸山珈琲 小諸店・焙煎工場・オフィス**
長野県小諸市平原1152-1　tel 0267 (26) 5556
http://www.maruyamacoffee.com/

**丸山珈琲 尾山台店**
東京都世田谷区尾山台3-31-1尾山台ガーディアン101号室　tel 03 (6805) 9975

**丸山珈琲 ハルニレテラス店**
長野県北佐久郡軽井沢町大字長倉星野2145-5　tel 0267 (31) 0553

**REC COFFEE 薬院駅前店**
福岡県福岡市中央区白金1-1-26　tel 092 (524) 2280
http://rec-coffee.com/

**Unir京都御幸町店 (カフェ&コーヒーラボ)**
京都府京都市中京区御幸町通御池下ル大文字町341-6　tel 075 (748) 1108
http://www.unir-coffee.com/

**NOZY COFFEE**
東京都世田谷区下馬2-29-7　tel 03 (5787) 8748
http://www.nozycoffee.jp/

**UCCコーヒーアカデミー**
兵庫県神戸市中央区港島中町6-6-2　tel 078 (302) 8288
http://www.ucc.co.jp/academy/

**Coffee Soldier／コーヒーソルジャー**
鹿児島県鹿児島市東千石町17-9　松清ビル1F

**COFFEEHOUSE NISHIYA／コーヒーハウスニシヤ**
東京都渋谷区東1-4-1　1F　tel 03 (3409) 1909

# あとがき

「カフェ&レストラン」（旭屋出版）の連載での内容および本書の執筆について全面的にバックアップしてくださった、『丸山珈琲』の代表であり、私が最も尊敬するコーヒー人でもある丸山健太郎社長に感謝します。

私の連載に協力してくれた『丸山珈琲』の櫛浜健治バリスタ、齋藤久美子バリスタ、中原見英バリスタ、鈴木樹バリスタ、そして撮影に協力してくれた中山吉伸くんに感謝します。執筆中に私の業務サポートをし、その時間を確保してくれた関口学に感謝します。それ意外にも多くのサポートをしてくれた『丸山珈琲』の仲間たちに感謝します。

Barista Campというすばらしい取り組みを企画し、新しいバリスタとの出会いをつくってくださった、Fritz Stormさんに感謝します。

社長という多忙の身でありながら、マシン関連の記事で多大な協力を惜しまず提供してくださった（株）DCSの左野徳夫社長に感謝します。そして、マシン情報の提供に協力してくださった畝岡智哉さんをはじめ、トーエイ工業の皆様に感謝します。

取材に快く協力してくださった、岩瀬由和バリスタ、村田さおりバリスタ、菊池伴武バリスタ、竹元俊一バリスタ、西谷恭兵バリスタ、山本知子バリスタなどのすばらしいバリスタたちと、その所属会社の皆様に感謝します。また、バリスタトレーニングの章で取材に協力してくださった、『珈琲通 豆蔵』の柴田貴幸社長と、山村高宏バリスタ、佐々木理紗バリスタに感謝します。

教育・トレーニングの面においてアドバイスをくださったコンサルティングの松尾昭仁先生、WBC情報の提供と資料の翻訳に協力してくださった松原大地さん、WBC設立の背景や歴史について情報をくださったJustin Metcalfさんに感謝します。

私のような若輩にこの連載を依頼してくださった前田和彦編集長をはじめ、旭屋出版の皆様に感謝します。

すばらしい写真撮影を行ってくださったカメラマンの是枝右恭さん、菊池陽一郎さん、川島英嗣さん、数多くの大会写真を提供してくださったAmanda Wilsonさん、日本の"新しいバリスタ"の取材・文を担当してくださったライターの仲川僚子さん、陣内研治さん、デザイナーの武藤一将さんに感謝します。そして、台湾語版の翻訳に尽力してくださった明石薫さん、明石雅子さんに感謝します。

この書籍の編集を担当し、すべての内容について尽力してくれた稲葉友子さんにはたくさんのご迷惑をおかけしました。心より感謝しています。

この書籍を完成させるためにお時間をくださり、ご声援くださったすべての方々に感謝し、この執筆を終えたいと思います。

皆様、最後までお読みいただき、本当にありがとうございました。

丸山珈琲
阪本義治

**nuova SIMONELLI®** espresso coffee machines

S.I.S

ERGONOMY

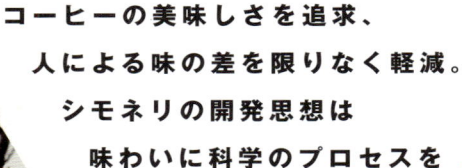

# 味わいに科学。

コーヒーの美味しさを追求、
人による味の差を限りなく軽減。
シモネリの開発思想は
味わいに科学のプロセスを
重ねること。

傑作「アウレリア」がさらに進化して登場!

## AURELIA II

2012-2014 OFFICIAL ESPRESSO MACHINE

**WORLD BARISTA CHAMPIONSHIP™**

2012-14 WBCオフィシャル
エスプレッソマシーンに認定
されました。

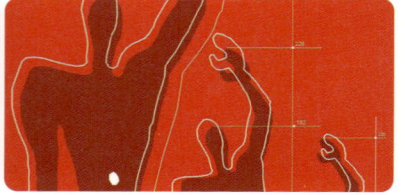

操作が易しい。
身体に優しい。

"コーヒーをいれる"を科学したエスプレッソコーヒーマシーン「アウレリアⅡ」。トーエイ工業が自信を持っておすすめします。

**TOEi**

多摩川本社／東京都大田区多摩川2-18-4　　　　　　　　　　TEL 03-3756-5011（代）　FAX 03-3756-5409
大阪支社／大阪府大阪市淀川区西中島7-6-12 新大阪駅前末広ビル403　TEL 06-4805-7213　　FAX 06-4805-7223
※東京〈恵比寿〉にテストキッチンがございます。

http://www.toei-inc.co.jp

豆の良さを 誰でも 手軽に 生かせる道具。
そんなシンプルな発想で
cores（コレス）というブランドは生まれました。

たとえば このゴールドフィルターは
豆の持ち味を表現する素材を考えた結果でした。

暮らしの中で活きて 心も豊かになる。
わたしたちが込めた思いです。

## Oishi & Associates
**株式会社 大石アンドアソシエイツ**
〒151-0053 東京都渋谷区代々木3-8-3
TEL03(5333)4447  FAX03(5333)4446
URL:http://www.oanda.co.jp/

cores  Russell Hobbs

商品の企画・開発のご相談も承っております。お気軽にご相談ください。

阪本義治（さかもと・よしはる）
丸山珈琲 統括ディレクター兼バリスタトレーナー。ZOKA COFFEEを経て丸山珈琲入社。現在はセミナーの企画・運営、百貨店やセレクトショップなどへの企画営業職にあり、社内外のバリスタトレーニングも行なう。JBC（ジャパンバリスタチャンピオンシップ）のファイナリストを多数育成。丸山珈琲所属のバリスタから、2009年の中原見英バリスタに続き、2010・2011年には鈴木 樹バリスタが、2012・2013年には井崎英典バリスタがJBCで優勝。5年連続でチャンピオンを輩出した手腕に注目が集まっている。

丸山珈琲
http://www.maruyamacoffee.com/

編　　集　稲葉友子
執筆協力　仲川僚子　陣内研治
撮　　影　是枝右恭　菊池陽一郎　川島英嗣
デザイン　武藤一将デザイン室

新しいバリスタのかたち

2013年11月10日　第2版発行
著　　者　阪本義治
発 行 者　早嶋 茂
制 作 者　永瀬正人
発 行 所　株式会社　旭屋出版
　　　　　〒107-0052　東京都港区赤坂1-7-19　キャピタル赤坂ビル8階
　　　　　TEL:03-3560-9065（販売部）
　　　　　TEL:03-3560-9062（広告部）
　　　　　TEL:03-3560-9066（編集部）
　　　　　FAX:03-3560-9071（販売部）
　　　　　http://www.asahiya-jp.com

　　　　　郵便振替 00150-1-19572

印刷・製本　株式会社シナノ

※落丁本・乱丁本はお取替えいたします。
※無断複製・無断転載を禁じます。
※定価はカバーに表示してあります。

©Yoshiharu Sakamoto&Asahiya publishing Co.,LTD.2012　Printed in Japan
ISBN978-4-7511-0993-9 C2077